Lyon 5 Mars

HOTEL DES VENTES DE LYON
Rue de l'Hôpital, 6, au 1er étage

Collections de M***, amateur lyonnais

CATALOGUE

DES

MEUBLES & OBJETS D'ART

ANCIENS

Du XIe au XIXe siècle

IVOIRES, ÉMAUX, BOIS, FERS, BRONZES
ÉTAINS, CUIRS, MARBRES, ETC.
PENDULES ET BRONZES D'AMEUBLEMENT
FAIENCES ET PORCELAINES
TABLEAUX, DESSINS ET PASTELS
MINIATURES
ARMES ET INSTRUMENTS DE MUSIQUE
ANTIQUES

dont la vente aux enchères publiques aura lieu

le 5 Mars 1906 et jours suivants, à 8 heures du soir

NOTA. — Les meubles (Nos 1 à 72) se vendront le premier jour de la vente, à 2 heures et à 8 heures du soir.

EXPOSITION GÉNÉRALE

les 2 et 3 Mars, de 1 heure à 5 h. 1/2

EXPOSITIONS PARTIELLES LE 6 MARS ET JOURS SUIVANTS

de 1 heure à 3 heures, des objets qui seront vendus le soir.

Me L. GAZAGNE	M. P. RANDIN
COMMISSAIRE-PRISEUR	EXPERT
6, Rue de l'Hôpital, 6	*5, Place des Célestins, 5*

LYON

EXEMPLAIRE DE H. STETTINER

HOTEL DES VENTES DE LYON

Rue de l'Hôpital, 6, au 1er étage

Collections de M***, amateur lyonnais

CATALOGUE

DES

MEUBLES & OBJETS D'ART

ANCIENS

Du XIe au XIXe siècle

IVOIRES, ÉMAUX, BOIS, FERS, BRONZES
ÉTAINS, CUIRS, MARBRES, ETC.
PENDULES ET BRONZES D'AMEUBLEMENT
FAIENCES ET PORCELAINES
TABLEAUX, DESSINS ET PASTELS
MINIATURES
ARMES ET INSTRUMENTS DE MUSIQUE
ANTIQUES

dont la vente aux enchères publiques aura lieu

le 5 Mars 1906 et jours suivants, à 8 heures du soir

NOTA. — Les meubles (Nos 1 à 72) se vendront le premier jour de la vente, à 2 heures et à 8 heures du soir.

EXPOSITION GÉNÉRALE

les 2 et 3 Mars, de 1 heure à 5 h. 1/2

EXPOSITIONS PARTIELLES LE 6 MARS ET JOURS SUIVANTS

de 1 heure à 3 heures, des objets qui seront vendus le soir.

Me L. GAZAGNE	M. P. RANDIN
COMMISSAIRE-PRISEUR	EXPERT
6, Rue de l'Hôpital, 6	*5, Place des Célestins, 5*

LYON

CONDITION DE LA VENTE

Au Comptant et 10 % en sus

APPLICABLES AUX FRAIS

Les expositions mettant le public à même de se rendre compte des objets, aucune réclamation ne sera admise après l'adjudication.

M. P. Randin, chargé de la vente, remplira les ordres qu'on voudra bien lui confier.

ORDRE DES VACATIONS

Lundi 5 Mars, à 2 heures et à 8 heures du soir

Nos 1 à 72 (Meubles)

Mardi 6 Mars	—	—	....	— 373 à 447
Mercredi 7 Mars	—	—	....	— 448 à 520
Jeudi 8 Mars, à 8	heures du soir		....	Nos 73 à 147
Vendredi 9 Mars,	—	—	....	— 148 à 222
Samedi 10 Mars	—	—	....	— 223 à 297
Lundi 12 Mars	—	—	....	— 298 à 372

NOTA. — On suivra l'ordre numérique du Catalogue.

475

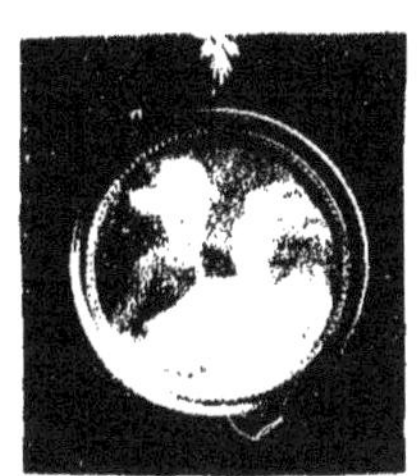

479

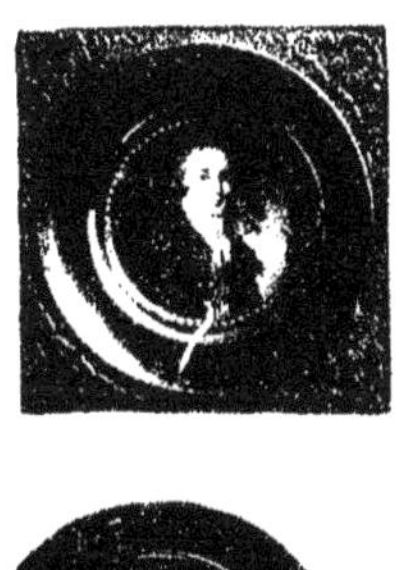

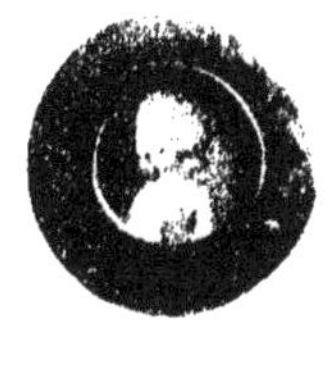

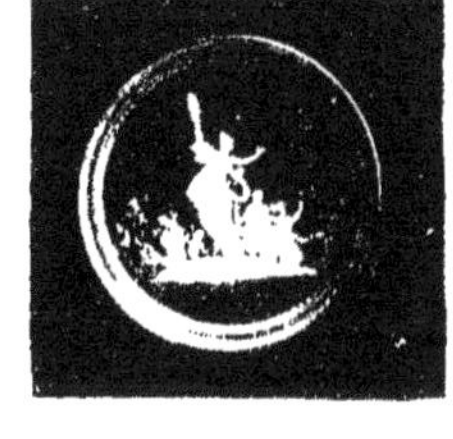

476

481

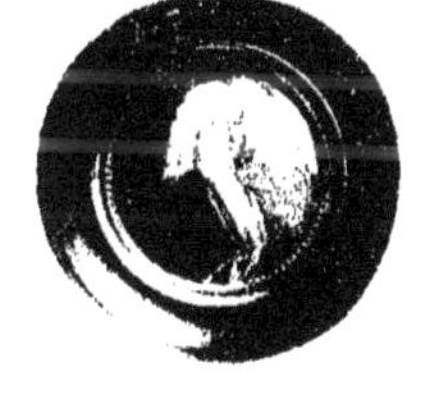

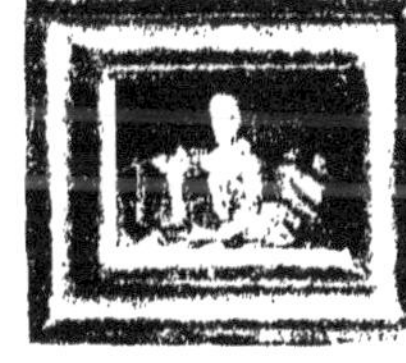

478

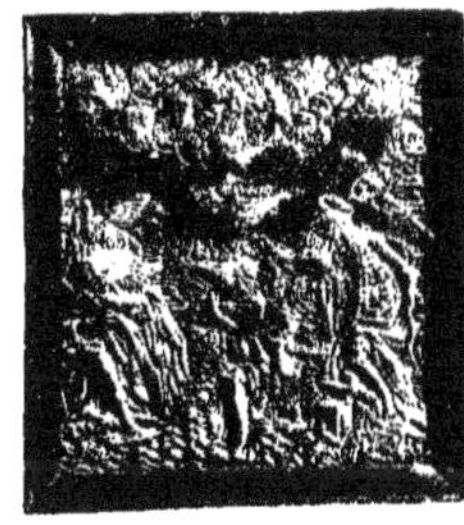

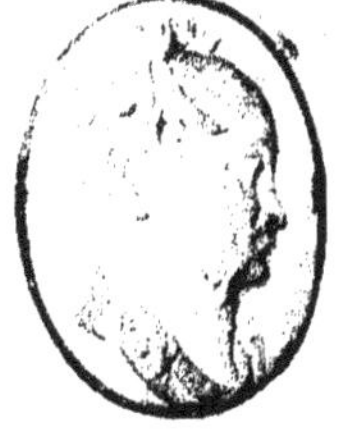

130 480 477 161

366 366

384

395

397

394 396 393

117 129 111 110

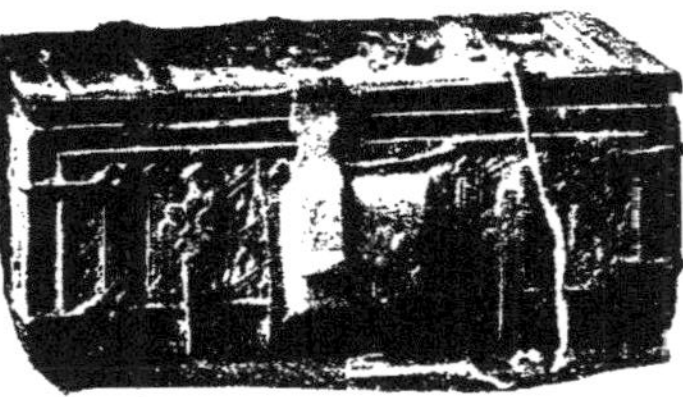

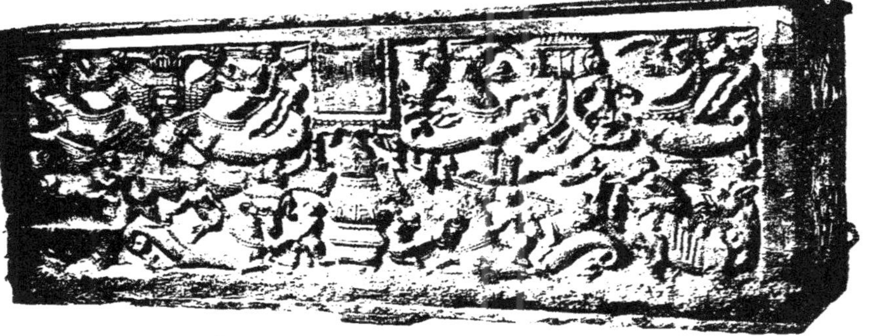

4

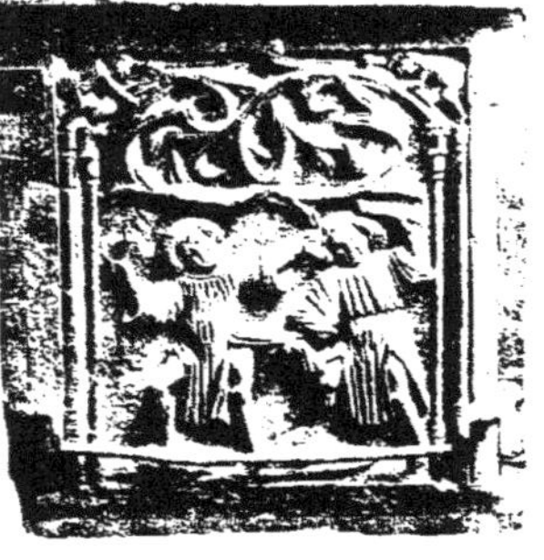

4

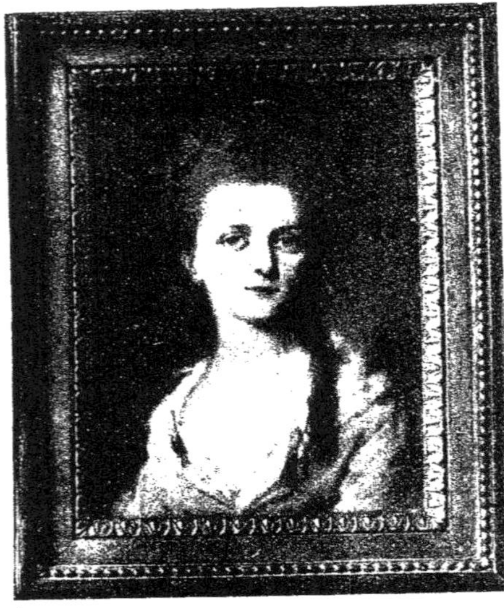

473

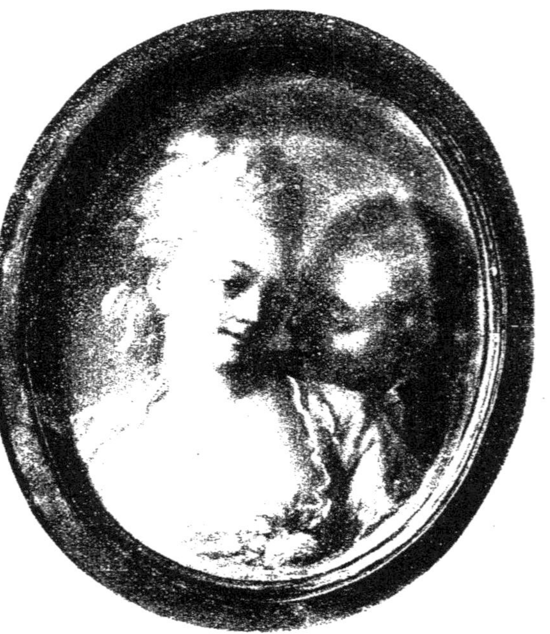

470

270 269 330 285

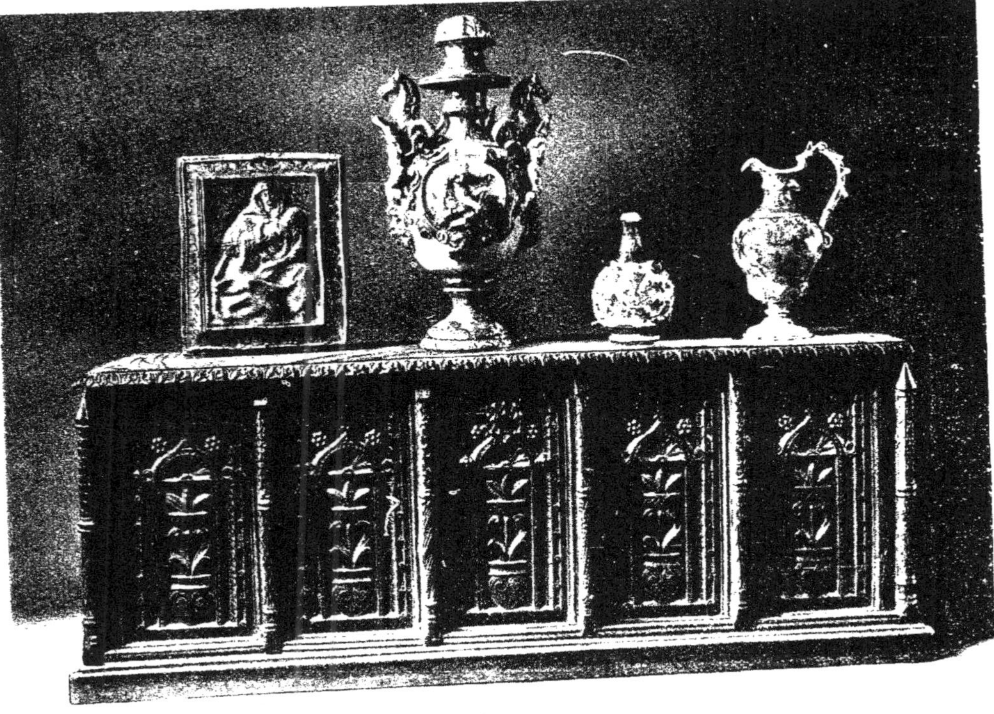

3

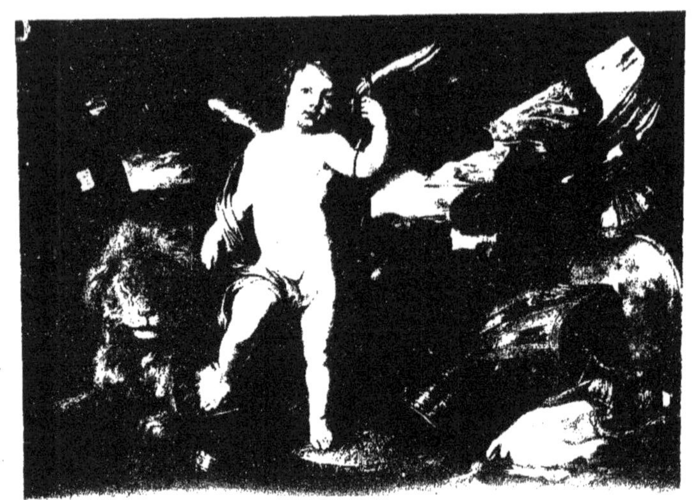

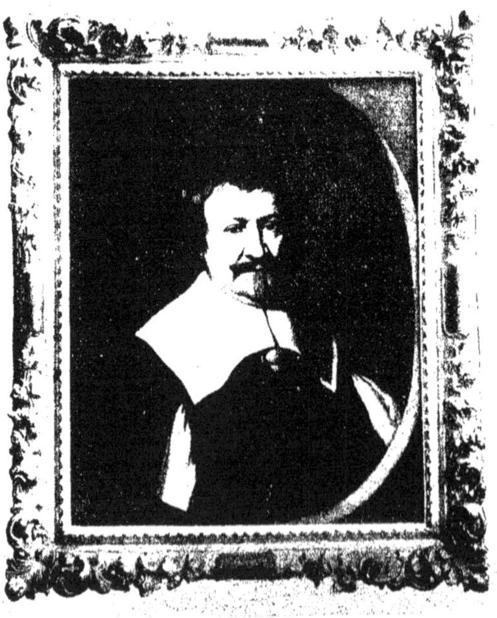

444

CATALOGUE

MEUBLES ANCIENS

1. **Panneau en bois sculpté,** formant le devant d'un coffre ; Le jugement de Salomon ; Le roi assis sur son trône sous un dais richement décoré ; Les deux mères et cinq soldats en costumes du 15e siècle italien.

   Les personnages et ornements sont découpés en plat relief sur un fond pointillé et les détails du dessin gravés au trait.

   Très curieux, rare et en bon état (long. 0.77 × 0.30).

2. **Grand coffre** à fenêtrages, gothiques à 2 plans sur les 3 faces jolie serrure à dragon ailé. Restauré (long. 158).

3. **Grand coffre** à 5 panneaux ornements renaissance séparés par des colonnettes gothiques. A côtes à panneaux sculptés à velins, serrure du temps. Bon meuble (long. 1.70).

4. **Très beau et grand coffre renaissance** en noyer ; licornes, vaches et chimères à queues de poisson chevauchées par des amours formant la plus curieuse décoration (renaissance primitive). Les à-côtés plus curieux encore offrent des scènes de flagellation à deux personnages dans un très bel encadrement gothique (long. 1.90).

   Pas très bien conservé, mais n'ayant subi aucune restauration.

5. **Petit coffre,** en noyer, à 2 panneaux sculptés de branchages de chêne et de vigne (16e siècle). (Long. 0.78.)

6. **Grand meuble droit à 2 corps,** en noyer sculpté. Les 4 vantaux sont à arabesques d'un riche dessin et d'un bon relief. Les pilastres plats sont cannelés creux et à chapitaux. Les tiroirs, les consoles voisines, les moulures des portes et les longues moulures médianes sont richement sculptés d'ornements courants.

   Très beau meuble du 16e siècle, en bon état (la corniche et ses consoles ont été refaites). (Haut. 2.20 × 1.70).

7\. **Grand meuble droit à 2 corps,** en noyer sculpté. Les 4 vantaux sont à perspectives. Les pilastres plats les moulures des portes et des tiroirs, les à côtés sont ornés de sculptures d'ornements courants du meilleur style du 16e siècle.
Très beau meuble du 16e siècle en très bon état (la corniche à consoles est refaite). (Haut. 2.10 × 1.55).

8\. **Crédence renaissance en noyer.** Le corps à 2 vantaux sculptés d'ornements est en retrait ; la corniche porte sur deux balustres en pleine saillie, 2 tiroirs. Deux colonnes au pied et pilastres cannelés.
Bon meuble en bon état, sobrement orné (haut. 1.40, larg. 120).

9\. **Chaise seigneuriale renaissance,** en noyer sculpté. Le haut dossier encadre un très beau panneau d'ornements d'arabesques à rinceaux, à tête de femmes de très pur style, portant la date de 1522, fronton avec acrotères.
Beau meuble.

10\. **Table Henri II,** en noyer, à 4 pieds en colonnes unies et 2 arcatures à balustres : meuble de service à rallonges. (Longueurs 103 × 0.71).

11\. **Petit cabinet italien** (17e siècle) ,en ébène, à filets d'ivoire. L'intérieur présente un réduit central et huit tiroirs incrustés de marbres de couleur, dans des encadrements à filets d'or.
Très joli meuble en bon état. (Long. 0.55 × 0.54).

12\. **Table de service Henri IV,** en noyer, 4 pieds à colonnes droites, cannelées.
Très restaurée. (Long. 1.30 × 0.65).

13\. **Glace Louis XIII,** à frontons, avec cuivres dorés et repoussés d'ornements et personnages de bon style.
Verres bisautés. (Haut. 1.30 × 0.85).

14\. **Table Louis XIII,** en noyer, pieds et croisillon tournés à balustre.
Très jolie pièce à 2 tons. (Long. 0.95).

15\. **Table Louis XIII,** à pieds et croisillon, balustre en noyer. (Long. 0.89 × 0.57).

16\. **Guéridon torchère,** à pied torse, Louis XIII, en noyer. (Haut. 0.81 × 0.37).

17. **Guéridon torchère Louis XIII**, à balustre en noyer. (Hauteur 0.72 × 0.38).

18. **Bureau semainier Louis XIV**, en noyer noirci, à 8 pieds ; 5 tiroirs et réduit central, la moulure du plateau en cuivre, ce plateau, 3 faces et les autres pièces sont inscrutés d'ornements en filets de cuivre.
A restaurer. (Long. 116 × 0.64).

19. **Ecran Louis XIV**, à colonnettes cannelées et broderie au gros point, d'un très bon dessin.
En bon état. (Haut. 0.95, larg. 0.84).

20. **Petite glace Louis XIV**, cadre en bois sculpté et doré. (Haut. 0.80 × 0.73).

21. **Commode Louis XIV**, droite, plaquée en bois de violette, à 4 tiroirs, baguettes de cuivre creuses et garniture de bronze doré, marbre brèche, rouge et gris.
Bon meuble. (Larg. 130).

22. **Commode Louis XV**, plaquée en bois de rose et violette, à 4 tiroirs et garnitures riches, en bronge doré, marbre gris, veiné de blanc.
Beau meuble. (Larg. 125).

23. **Grande commode Louis XV**, plaquée en bois de rose et bois de violette, à 4 tiroirs, garniture bronzes dorés, marbre brèche violette et grise.
Très beau meuble (larg. 138).

24. **Petite commode Louis XV**, plaquée en bois de rose et violette, à 2 tiroirs, avec sa garniture de bronze doré, marbre brèche rougeâtre. (Larg. 0.80).

25. **2 consoles d'encoignures**, style Louis XIV, en bois sculpté et doré.
Travail moderne, marbre blanc.

26. **Très belle console Louis XV**, en bois sculpté et doré, de la plus pure rocaille, marbre en brèche jaune. (Larg. 105.)

27. **Grande console Régence**, en bois sculpté et doré, guirlandes et médaillon, feuilles et fleurs, pieds d'un bon mouvement, marbre rouge et gris veiné. (Larg. 145.)

28. **Console dorée Régence**, en bois sculpté et doré à neuf, marbre griotte. (Larg. au mur 1 m.)

29. **Table de nuit Louis XV**, à 2 portes et 1 tiroir en noyer, sabots en cuivre.
En très bon état. (Larg. 0.49.)

30. **Meuble bibliothèque**, à 2 corps à 2 vantaux chacun, plaqué en marquetterie de palissandre et à baguette de cuivre en creux.
Corniche refaite. (Larg. 110, haut. 2.15.)

31. **Table à jeux Louis XV**, carrée, à 4 petits tiroirs et pieds de biche en noyer. (Dim. 0.75.)

32. **Chiffonnière Louis XV**, à deux tiroirs, en noyer ciré. (Hauteur 0.70 × 0.48).

33. **Table à tric-trac Louis XV**, plaquée en bois de rose et violette, avec ses accessoires.
Joli meuble. (Long. 112 × 0.60).

34. **Ecran à tablettes**, à 4 pieds, en colonnettes unies, Louis XVI, en bois de noyer. L'étoffe de l'écran est du temps. ((Hauteur 1 m., larg. 0.50).

35. **Bureau-écran Louis XVI**, en noyer marqueté de filets et d'un médaillon à initiales (C. A.) sur l'abattant, lequel se repose sur une partie avancée du meuble, formant tablette.
Très curieux, rare et en bon état.
L'étoffe de l'écran est en soierie moderne, dans le style du temps. (Haut. 0.95, larg. 0.52.)

36. **Petit bureau Louis XVI**, en acajou, à baguettes de cuivre, dit bonheur du jour, 4 tiroirs et 2 portes, marbre blanc avec galerie cuivre. (Larg. 0.82).

37. **Table à jeu**, carrée, à rallonge, en acajou (1820), à pieds carrés et sabots de cuivre. (Dim. 0.60 carré).

38. **Guéridon,** à plateau marqueté, octogone et à 3 pieds (1830), en acajou. (Haut. 0.70 × 0.68).

39. **Petite table à ouvrage,** guéridon à corbeille et trépied, en acajou (1820). (Haut. 0.79 × 0.39.)

40. **Petit meuble chinois,** en bois laqué bronze, décoré de pavots d'or et rempli de nombreux tiroirs.
Très fin. (Long. 0.32 × 0.26 × 0.30).

41. **Deux grandes vitrines modernes,** bois noir, à 2 portes et 5 rayons, entièrement garnis de peluche soie rouge. (Haut. 2 m. × 1.55.

CHAISES ET FAUTEUILS

42. **Fauteuil Henri II,** à dossier bas, en noyer. Les accoudoirs sont à têtes de béliers et les pieds de devant à colonnettes unies, Garni en broderie ,au gros point moderne (larg. 0.63).

43. **Chaise Henri II, en noyer,** à colonnettes unies, **et** dossier carré à ornements tournés.

44. **Petite chaise Louis XIII,** en noyer, à balustre, croisillon et dossier carré.

45. **Tabouret de salon Louis XIII,** à pieds et croisillon torses, recouvert d'une broderie au point à beaux dessins sur fond noir. Le tout moderne. (Long. 0.73 × 0.64.

46. **Chaise Louis XIII,** à dossier bas, en noyer ciré, dite à boulets, recouverte d'une broderie au point moderne.

47. **Chaise Louis XIII,** à dossier bas, en noyer ciré, dite à boulets, recouverte d'une broderie au point moderne.

48. **Deux chaises Louis XIV,** en noyer, le dossier et le devant du siège sont richement sculptés d'ornements de bon style.

49. **Grand fauteuil Louis XIV,** en noyer sculpté. Les pieds, le dossier et les accoudoirs sont d'un beau mouvement, recouvert d'une broderie au point moderne, dans le style du temps.

50. **Bidet Louis XV canné**, en noyer sculpté, avec sa cuvette en faïence de Nevers, décors bleus.
Bon meuble à dossier avec casier à couvercle.

51. **Magnifique tabouret de salon**, en noyer de forme rectangulaire, décoré d'une belle sculpture dans le style régence et recouvert d'une étoffe en velours ciselé (0.72 × 0.60).

52. **Très grand fauteuil Louis XIV**, en noyer sculpté ; le dossier, les accoudoirs et les pieds sont d'un beau mouvement, recouvert d'une broderie au point moderne, dans le style du temps.
Beau meuble.

53. **Trois grands fauteuils Louis XV**, en noyer sculpté à fleurs avec accoudoirs d'un beau mouvement, recouverts d'une broderie au point ; dessins sur fond grenat.

54. **Deux fauteuils**, à grands dossiers, à pieds en balustres et croisillon, accoudoirs en volutes sculptées, recouverts d'une broderie au point à riches ornements, sur fond maïs moderne.
Jolis meubles.

55. **Fauteuil bergère Louis XVI**, à dossier rond en bois sculpté et doré, décors à perles, rais de cœur, pieds cannelés et feuilles aux accoudoirs ; recouvert en étoffe de soie Louis XVI, à bandes et fleurettes, sur fond vert d'eau moderne.
Beau meuble.

56. **Deux fauteuils Louis XVI**, en noyer sculpté, pieds cannelés, accoudoirs à balustres, recouverts d'une étoffe du même style brochée à bandes et fleurettes, sur fond crême (avec coussin).
Jolie forme.

57. **Grand fauteuil bergère Louis XVI**, à médailllon, en bois sculpté, laqué blanc et rose, nœuds, bobéchons, accoudoirs et pieds cannelés, recouvert d'une étoffe moderne en soie brochée de raies et fleurettes sur fond rose.
Très beau meuble.

58. **Fauteuil canné Louis XIV**, à croisillon, en bois sculpté, décoré de riches ornements, d'un style très pur.
Très joli meuble.

59. **Deux fauteuils Louis XV**, cannés, en noyer sculpté ; les accoudoirs d'un bon mouvement.

60. **Quatre chaises cannées Louis XVI**, en noyer, à médaillons, pieds cannelés, nœuds de rubans sculptés, de style très pur.
Ces jolies pièces portent le nom d'un fabricant (Girard).

61. **Six jolies chaises cannées Louis XV**, à dossier contourné, en noyer.
Bonne sculpture d'ornements à fleurs, de bon style.

62. **Chaise cannée Louis XV**, à dossier contourné, en noyer.
Jolis ornements sculptés et croisillon.

63. **Chaise cannée Louis XV**, à dossier contourné, en noyer, ornements sculptés et croisillon.

64. **Deux très belles chaises Louis XV**, en noyer sculpté. Dessin d'un beau mouvement et bonne sculpture à fleurs, recouvertes d'une étoffe de soie brochée à fleur, sur fond grenat moderne.
Tabouret construit avec les pieds d'une chaise semblable. Même garniture.

65. **2 chaises Louis XV**, à dossier contourné, en noyer sculpté à fleurs ; recouvertes d'une étoffe de soie brochée moderne.

66. **Meuble de salon Louis XVI**, laqué blanc, composé d'un canapé et quatre fauteuils à nœuds, de rubans, pieds et accoudoirs cannelés, recouvert d'un étoffe moderne en coton, fleurs sur fond rose (canapé 130).

67. **Bergère Louis XVI**, en bois laqué blanc, en deux pièces recouvertes d'une étoffe de soie brochée à rayures et fleurs sur fond bleu de ciel.
(Le tabouret possède un coussin moderne brodé en soie sur canevas.

68. **Bergère Louis XVI**, en bois laqué blanc, en deux pièces, recouverte d'une étoffe de soie brochée à rayures et fleurs sur fond bleu de ciel.

69. **Deux chaises Louis XVI**, à médaillons, en noyer ciré, pieds cannelés, recouvertes d'une étoffe soie moderne à fleurs.

70. **Deux tabourets de pieds :** chaufferettes ovales Louis XVI, marquetés en bois de rose et violette et à 4 pieds en balustre, recouverts en velours rouge.
Meubles rares. (Long. 0.48.)

71. **Deux chaises Louis XVI,** à dossier renversé, en noyer, pieds cannelés, dossier sculpté d'une lyre, orné d'une découpure à losanges et recouvertes d'un velours frappé.

72. **Tapis moquette laine.** (Long. 3 × 2.50).

PENDULES
CANDÉLABRES, BRONZES D'AMEUBLEMENT

73. **Horloge à poids Louis XIV,** cadran en étain, au nom de Fieffé, à Paris, dans un simple encadrement en fer. (Cadran 0.23 carré).

74. **Pendule Louis XIII,** dite religieuse, à cadran en étain, caisse carrée à fronton, en bois noirci, orné de bronzes dorés. Mouvement neuf. (Haut. 0.40.)

75. **Pendule d'applique de la fin Louis XIV,** de forme droite, avec son couronnement et sa console, le tout en bois sculpté et doré, sur fond blanc verdâtre. Mouvement carré de Moussel, à Pontarlier, cadrant émaillé (hauteur totale 1 m.).
Très belle pièce richement décorée et bien conservée.

76. **Jolie pendule Louis XVI,** en bronze doré : Jeune femme assise, ayant un serpent enroulé autour de son bras. Le cadran porte le nom de Beauvarlet, à Paris, socle en marbre noir.
Très bonne pièce ancienne, à dorure verte. (Haut. 0.32 × 0.29).

77. **Très jolie petite pendule Louis XVI,** en bronze doré et argenté, le cadran surmonté d'un vase est porté par un lion en marche, le cercle de fermeture, les aiguilles et le vase sont garnis de marcassite (Brille, à Paris). Le socle est orné d'une guirlande. (Long. 0.13, haut. 0.30).

78. **Pendule Louis XVI,** en bronze doré, au nom de Baffert, à Paris : Deux amours, groupe de colombes, branches de chêne autour du cadran et vase au-dessus. Socle en marbre blanc. (Haut. 0.36 × 0.28).

79. **Pendule** (1820), en bronze doré et vert : L'amour désarmé. Très jolie pièce. (Haut. 0.55).

80. **Pendule,** marbre noir et bronze ; un des chevaux de Marly, moderne. (Bronze haut. 0.39).

81. **Pendule empire.** Révolte de Spartacus, esclave. Beau bronze, sur marbre griotte, orné d'un casque et bas-relief d'armes romaines. Bronze vert (haut. 0.62, larg. 0.40).

82. **Pendule empire.** Faune et Bacchus enfant. Beau bronze sur marbre jaune de Sienne. (Bronze vert. haut. 0.75, larg. 0.48.)

83. **Très belle garniture de cheminée,** composée d'une pendule à double face, en bronze doré et marbre blanc, et de deux candélabres à 10 lumières.
Le tout dans le style le plus riche du 18e siècle (reproduction). (Haut. pendule 0.70 × 0.60, candélabres 0.85.)

84. **Paire de chandeliers renaissance,** en bronze. Haut. 0.16.)

85. **Paire d'applique Louis XV,** de grand modèle, à 2 lumières, en bronze doré vert.
Très belles pièces d'un beau mouvement (haut. 0.55).

86. **Paire de beaux chandeliers Louis XV,** en cuivre argenté à godrons en torsade.
Complets. (Haut. 0.28).

87. **Belle paire de chandeliers régence,** en cuivre gravé d'ornements et argentés, riche ornementation.
Complets.

88. **Jolie paire de petits chandeliers Louis XVI,** à base carrée, décorés d'ornements courants sur les moulures, en cuivre estampé et argenté.
Complets. (Haut. 0.15).

89. **Paire de beaux chandeliers Louis XVI,** en cuivre argenté, richement ornés
Complets. (Haut. 0.28).

90. **Paire de beaux chandeliers fin Louis XVI**, en argent fondu, gravés et ciselés.
Complets. (Haut. 0.28).

91. **Paire de beaux candélabres à 3 branches Louis XVI**, en cuivre argenté.
Riche modèle. (Haut. 0.41).

92. **Paire de très jolis candélabres**, à deux branches, fin Louis XVI, à cors de chasse, en cuivre argenté. (Haut. 0.41).

93. **Paire d'applique Louis XVI**, à 2 lumières, modèle à tête de bouc, en bronze doré (haut. 0.42).

94. **Paire d'applique Louis XVI**, à 3 lumières, modèle à tête de lion, d'une grande richesse, en bronze doré. (Haut. 0.55).

95. **Paire de chandeliers Louis XVI**, en bronze doré ; cassolettes à têtes de lions et guirlandes. (Haut. 0.20).

96. **Candélabre à 2 lumières Louis XVI**, en cuivre argenté.
Joli modèle.

97. **Paire de candélabres à 2 lumières, régence**, en bronze doré. (Haut. 0.37).

98. **Petite paire d'appliques Louis XVI, à 2 lumières**, en bronge doré.
Paire d'appliques Louis XVI, à 2 lumières, en bronze doré (hauteur 0.34).
Soit 4 pièces.

99. **Deux chandeliers Louis XVI**, à base carrée et colonne cannelée, en cuivre argenté. (Haut. 0.16.)

100. **Une paire de petits flambeaux Louis XVI**, à cassolette et base carrée, en cuivre doré. (Haut. 0.20).

101. **Paire de flambeaux Louis XVI**, en bronze doré. Très beau modèle. (Haut. 0.20).

102. **Paire d'appliques Louis XVI**, à 2 lumières, en bronze doré (modèle de De la Fosse), surmontées d'un vase à feu (Haut 0.45).

103. **Petit lustre empire,** à 6 lumières et 3 chaînons, en bronze doré. (Des cristaux que la pièce ne comporte pas ont été ajoutés).

104. **Deux candélabres** à 3 branches empire, en bronze vert et or, bon modèle. (Haut. 0.60).

105. **Petite suspension** à deux lumières, avec sa chaîne. Bronze doré.

106. **Paire de chênets Louis XVI,** en bronze doré. Reproduction d'un très riche modèle, avec vases et guirlandes. (Haut. 0.40).

107. **Paire de chandeliers en cuivre,** à base carrée, modèle de la Renaissance italienne du XVIe siècle (travail moderne). (Hauteur 0.17).

108. **Paire de chênets en cuivre,** de style Louis XIV.

109. **Lampe juive** à pied, à 4 becs, et tous ses accessoires cuivre, ancienne.

OBJETS D'ART

IVOIRES, XIe, XIVe ET XVIIIe SIÈCLES

110. **Plaque d'ivoire** provenant d'une reliure de manuscrit offrant le christ debout et bénissant. A ses côtés, la vierge et un saint, aussi debout, sont en adoration. Deux anges ailés surmontent des colonnettes (XIe siècle). Très belles têtes, et expressives. Belles draperies. (Haut. 0.16 × 0.13). (Exposition rétrospective de Lyon en 1877).

111. **Registre central** d'un tryptique en ivoire, offrant le christ en croix, la vierge et St-Jean, gothique du XIVe siècle. (Haut. 0.16).

112. **Petite plaque d'ivoire,** offrant en hauteur la flagellation à trois personnages, et traces de dorure (XIVe siècle). (Haut. 0.08 × 0.04).

113. **Coffret** rectangulaire plaqué en ivoire (XIVe siècle) : sur un fond de damier sont incrustés deux médaillons circulaires de chimères ailées (couvercle) ; serrure en cuivre moderne et fortes restaurations. Le couvercle est couvert intérieurement d'anciennes et très curieuses gravures sur bois coloriées. (Long. 0.22 × 0.17).

114. **Ivoire sculpté.** Têtes du Christ, de la Vierge et tête de mort accolées ; pièce d'enfilage pour un chapelet (XVIe siècle). (Haut. 0.05).

115. **Plaque d'une rape à tabac,** en ivoire. Un arbre généalogue sortant d'un sein d'Abraham, offre dans ses branchages tous les rois d'Israël, ancêtres du Christ et de la Vierge. Très belle et curieuse pièce gravée, sur les deux faces de légendes intéressantes et morales. Très bon état.

116. **Râpe à tabac** en buis sculptée et gravée d'ornements : couronne royale, lions et serpents (allégoriques).
Très jolie pièce, complète.

117. **Petit coffret** oblong, gothique, en bois sculpté d'ornements, offrant sur ses 4 faces des lettres formant légende (?) avec son armature et serrure en fer complète. Jolie pièce du XIIIe siècle. (Dim. 0.22 × 0.12 × 0.09).

ÉMAUX

118. **Email translucide** rehaussé d'or, italien du XVIe siècle, sur cuivre repoussé en ronde bosse et d'une riche coloration : Jésus descendu de la croix : scène à 8 personnages ; dans un petit cadre d'ébène, orné d'émaux en bleu lapis. Le tout dans un encadrement architectural, en bois décoré d'arabesques d'or (Dim. de l'émail 0.21 × 0.15). (Dim. du cadre 0.60 × 0.54). Manquent quelques petits émaux d'application lapis. (Exposition rétrospective de Lyon, 1877).

119. **Petit émail translucide,** cintré par le haut. Jésus descendu de la croix ; La Vierge, Ste-Madeleine et St-Jean. Les chairs en émail peint. (Limoges, XVIe siècle). Jolie pièce en bon état dans un cadre en bois doré. (Haut. 0.10 × 0.08).

120. **Email peint sur cuivre repoussé.** Mascaron de tête de femme coiffée d'un voile encadrant le visage. Pièce ovale peinte au naturel. (Haut. 0.16 × 0.12).
Cadre doré moderne.

121. **Email peint ovale.** L'Etude veut arrêter le temps. Très belle peinture du XVIIe siècle. Beau travail d'une riche coloration, d'une grande finesse, et bien conservé (Haut. 0.10).
Cadre noir.

MARBRES, BRONZES, ÉTAINS, BOIS, FERS, CUIRS, ETC.

122. **Martyre d'une sainte** et autres scènes de supplices : panneau sculpté en bas relief, à 5 grands personnages, en bois de noyer peint et doré. Travail allemand du XVIe siècle, intéressant pour les costumes et bien conservé. (Haut. 0.80 × 0.55).

123. **Petit chandelier** gothique en bronze. (La base a quelques cassures). (Haut. 0.19).

124. **Le Christ en croix** : bas relief en cuivre repoussé (haut. 0.26 × 0.14) dans un cadre formé de rinceaux dorés et de fleurs au naturel, en bois sculpté à forts reliefs. Travail italien duXVII[e] siècle. (Haut. totale 0.60 × 0.50).

125. **Gourde** piriforme à anse en cuivre repoussé, gravé et ciselé d'ornements de bon style (XVIe siècle). (Haut. 0.21).

126. **Encrier rond** en bronze fondu, monté sur 3 petits lions, décoré au pourtour d'une frise d'ornements de beau style. Travail italien du XVIe siècle. Jolie pièce avec le nom gravé d'un ancien possesseur. (Haut. et diam. 0.08).

127. **Mars, Vénus et l'Amour,** petit groupe en bronze italien de la fin du XVIe siècle, fondu à cire perdu. (Haut. 0.11).
Jolie pièce.

128. **Coupe à sacrifices** (?) japonaise, enmenuchée de bois de fer. Belle pièce en bronze de haute époque, décorée d'ornements (Diam. 0.14).

129. **Calice** sur une base à 6 lobes, en cuivre repoussé et gravé d'ornements. Le nœud offre en gravure des têtes d'apôtres (XVe siècle). (Haut. 0.19).

130. **Bas relief** en cuivre repoussé gravé, ciselé et doré, offrant le sujet du Baptême du Christ. Très beau travail du XVIe siècle, légèrement restauré. (Haut. 0.23 × 0.20 sans le cadre).
Cadre noir.

131. **Amorçoir** rond et plat ajouré au centre, en bois incrusté d'ornements en ivoire en cercles et points. Travail vénitien du XVIe siècle. Très jolie pièce bien complète. (Diam. 0.13).

132. **Manche de poignard** en bronze, du XVIe siècle, formé d'une cariatide d'homme de très beau style, mais un peu fruste. (Long. 0.12).

133. **Petit bronze du XVIe siècle.** Triton, divinité maritime : mains palmées, jambes en queues de poisson et corps couvert d'écailles (complet en lui-même). Superbe fragment du plus beau style, d'une ciselure admirable, recouvert d'une dorure du plus beau ton (0.05).

134. **Entrée de serrure** en bronze doré. Deux petites pendeloques pour tiroirs, bronze noir ; deux clous à mufles de lions, bronze noir. Ces cinq très petites pièces sont du plus beau style du XVIe siècle.

135. **Petite statuette en bronze :** génie chasseur tenant un lièvre ; chien auprès de lui. Fonte un peu fruste (Haut. 0.08).

136. **Statuette de mercure,** en bronze (XVIe siècle). Jolie pièce fondue sur une ébauche ? (Haut. 0.12).

137. **Jolie statuette bronze.** Enfant nu : une main posée sur un écusson armorié, l'autre tenant une boule, sous la base un pas de vis (Haut. 0.08).

138. **Amorçoir en cuivre fondu** en forme de corne, décoré d'une Vénus couchée et d'attributs guerriers. Jolie pièce du XVIe siècle, italien, en bon état et complète. (Long. 0.19).

139. **Plaquette ronde** du XVIe siècle, en bronze fondu : Bacchanale, Satyres, Bacchantes, Bacchus et enfants. Très belle pièce d'une grande finesse et d'une superbe patine. Travail italien. (Diam. 0.13).

140. **Petit buste d'ange,** en bronze, pièce d'applique (XVIe siècle), sur une base en bois noir. (Haut. totale 0.18).

141. **Gaine fermée,** en cuir noir, gravée, ciselée de riches ornements : lions, chimères, rinceaux et mascaron, du beau style du XVIe siècle. Bonne conservation mais veuve de ses instruments. (Long. 0.22).

142. **Etui en cuir noir ciselé,** gravé d'ornements : Le Monograme du Christ dans un soleil. Jolie pièce dans un état parfait de conservation (Dim. 0,08 carré).

143. **Très belle console d'applique Louis XIV,** en bois sculpté et doré. Le plateau est soutenu par 3 volutes à têtes de femme et d'anges, le tout de la plus riche et de la plus pure décoration. (Haut. 0.33 × 0.31).

144. **Console d'applique Louis XIV,** en bois sculpté et doré à neuf : amour musicien. (Haut. 0.27 × 0.24).

145. **Petit sceau à eau bénite** (?) avec son anse en cuir gauffré et entièrement ciselé et gravé d'ornements (XVIIe siècle) quelques traces de dorures. Très jolie pièce bien conservée. Haut. totale 0.25).

146. **Musicien jouant de la vielle** : statuette en bois sculpté et doré XVIIe siècle, italien). Bonne pièce. (Haut. 0.36).

147. **Statuette** : personnage en marche, son chapeau sous le bras, en bois sculpté peint et doré (XVIIIe siècle). Jolie pièce (Hauteur 0.35).

148. **Lampe de sanctuaire,** suspendue à 3 chaînons en cuivre (XVIe siècle), Espagne. (Diam. 0.27).

149. **Marteau de porte** formé d'un dragon ailé en fer forgé et ciselé (XVIe siècle). (Long. 0.21).

150. **Très petit mortier** en bronze fondu, décoré d'ornements. (Hauteur 0.04).

151. **Petit trident de pêche** en fer forgé. Jolie pièce du XVIe siècle. (Long. 0.63).
Fer à marquer à chaud (armoiries) en fer forgé. (Long. 0.38)., soit 2 p.

152 **Heurtoir en fer forgé,** 2 branchages se réunissant au sommet (XVIIe siècle). (Larg. 0.16 × 0.12).

153. **Eperon en fer forgé** (XVIe siècle).

154. **Deux écuelles d'étain Louis XIV,** à oreilles et couvercle ; très riches ornements.
Ce numéro sera divisé.

155. **Patène luthérienne.** Electeurs du second empire et Ferdinand III, empereur, étain de la fin du XVIe siècle. (Diam. 0.20).

156. **Petit plateau creux en étain,** sur l'ombilic tête d'empereur turc en très fin médaillon. Poinçon armorié. Jolie pièce. (Diam. 0.09).

157. **Médaillon rond en étain.** François 1er, roi de France, fonte ancienne (1537). (Diam. 0.13).

158. **Médaillon en marbre tendre,** offrant le buste d'Agripa, en haut relief (XVIe siècle). (Diam. 0.23).

159. **Petit buste en albâtre,** d'après l'antique (Galba, empereur romain), XVIIe siècle italien. (Haut. 0.28).

160. **Petit buste en albâtre,** d'après l'antique (Titus, empereur romain), XVIIe siècle italien). (Haut. 0.28).

161. **Médaillon ovale en marbre blanc** : tête de faunesse en profil et en fort relief ; les cheveux relevés sur le sommet de la tête. Beau travail du XVIIe siècle et œuvre d'art d'un grand mérite. (Haut. 0.28).

162. **Petit buste** de Mlle Duchesnoy de la Comédie-Française (?), d'après une inscription manuscrite. (Haut. 0.38).

163. **Groupe en marbre** : Enfant sur un dauphin. (Long. 0.38 × 0.24).

164. **Groupe en albâtre italien.** Le saint homme Job et sa femme (XVIIIe siècle). (Haut. 0.40 × 0.30).

165. **Jeunes berger et bergère.** Statuettes en bronze doré sur socles en marbre blanc à base en bronze et chaînettes. Jolies pièces Louis XVI bien conservées. (Haut. 0.21).

166. **Ecritoire plaqué** en bois de rose, de forme rognon avec anse et garniture en cuivre, complet, sauf un petit tiroir en bois sur le devant (XVIIIe siècle). (Long. 0.17).

167. **Chien couché** en cuivre repoussé, ciselé, doré et argenté, avec yeux en rubis et collier orné de pierres fines (XVIIIe siècle). Base en bois. (Long. 0.16). (Haut. 0.10).

168. **Médaillon de Nini.** Portrait de B. Franklin, américain. Terre cuite bronzée (1777), petit module. (Diam. 0.12).

169. **Deux petits couteaux** à manches d'argent, portant les chiffres de Henri IV et Marie de Médicis, fleurs de lys, couronnes, etc. Lames gravées.
Dans leur étui en cuir noir ciselé et doré. Très belle pièce de la fin du XVIe siècle, en parfait état. (Long. de la gaîne 0.20).

170. **Deux couteaux et une fourchette hollandaise,** soit 3 p.

171. **Deux petites fourchettes hollandaises,** dont une pliante (XVIIe siècle).

172. **Deux couteaux à manches,** en pâte tendre de Chantilly décors, polychrome chinois.

173. **Fourchette hollandaise,** dont le manche est terminé par un lion assis tenant des armoiries. Trace de dorure. Jolie pièce, fin XVIe siècle).

174. **Couteau de table** à manche en os, cerclé d'une virole et d'un talon en argent doré, orné d'un cloisonnage de rinceaux fleuris en émaux peints d'une riche coloration.
Jolie pièce.

175. **Grande fourchette hollandaise,** à manche en fer forgé et ciselé d'ornements sur fond d'or, et terminé par une tête de lion. Plaques de nacre. (Long. 0.27).

176. **Petite fourchette hollandaise** dont le manche en corne est incrusté de fins ornements en argent de fort relief et finement ciselés (XVIIe siècle). Jolie et en bon état. (Long. 0.14).

177. **Petite fourchette hollandaise,** dont le manche en cuivre doré est décoré d'ornements en relief finement ciselés. Jolie pièce (XVIIe siècle). (Long. 0.15).

178. **Deux couteaux hollandais,** à manche de corne, incrusté d'ornements cloutés en cuivre et ivoire rouge, et de modèle différents. (Long. 0.20).

179. **Couteau et fourchette hollandais,** à manches de corne, incrustés d'ornements en étain, ivoire rouge et clous de cuivre. La fourchette incomplète. (Long. 0.19).

180. **Charmante petite clef Louis XIV,** en argent. Deux chimères ailées à gaine soutiennent une couronne royale fermée au-dessus des deux L, entrelacées. Trace de dorure.
Petit bijou d'origine royale. (Long. 0.06).

181. **Petit couteau** à manche en nacre et monture argent.
Jolie et fine pièce bien conservée (XVIIIe siècle). (Long. 0.15).

182. **Petit étui Louis XVI** en ivoire teint en rouge, fermant à charnière, garniture en argent ciselé d'ornements.
Très jolie de forme (Haut. 0.11).

183. **Petite cuillère ronde,** en argent (XVIe siècle), gravée d'ornements. Trace de dorure. Jolie pièce. (Long. 0.13).

184. **Boîte à fard carrée, en écaille noire, Louis XVI,** dont le couvercle est incrusté d'ornements d'or sur fond rouge. Cercle d'or. Très complète à l'intérieur.

185. **Boutonnière carrée Louis XV,** en cuivre doré, à charnières, sujet à 4 personnages dansant dans un paysage, très finement gravé et ciselé dans un encadrement rocaille. (Diam. 0.08 × 0.06).

186. **Tire-bouchon et son étui** (Louis XIV), en fer gravé et ciselé d'ornements sur un grenetis à fond d'or. Beau et bien conservé. Long. 0.09).

187. **Montre droite ovale,** en cuivre dorée et cerclée d'argent. Le cadran est gravé d'ornements et personnages, et le pourtour de rinceaux très fin et du meilleur style (XVIe siècle). (Longueur 0.05). La bélière et les deux valves sont toutes unies. Le mouvement porte le nom de « Chapelle ».

188. **Petit médaillon rond** en bois sculpté, buste d'homme en profil, dans un cadre en ivoire tourné à fines moulures (XVIe siècle). (Diam. 0.07).

189. **Bague en ivoire,** dont le chaton est orné d'une tête d'homme finement sculptée, et autres ornements (Empire).

190. **Tabatière** des deux cocus, en buis moulé à chaud, avec têtes à l'envers et légendes philosophiques, en bon état.

191. **Boîte ronde** en buis, offrant en médaillon pressé à chaud, 8 têtes de la famille royale de France (Louis XVIII). Doublée en écaille.

191 bis. **Boîte ronde** en buis, avec médaillon estampé et doré. (Famille impériale Napoléon 1er).

192. **Eventail en papier.** La Bastille, avec personnages et leurs noms dans des cartouches. Pièce populaire très curieuse avec couplets au dos. Monture bois et gravure coloriée.

193. **Eventail en papier.** Trait d'héroïsme du duc d'Orléans, sauvant son jockey (avec couplets). Pièce populaire (1790). Monture bois et gravure coloriée.

194. **Eventail en papier** (1790). Allégorie révlotionnaire. Le temps donnant les cendres au clergé et à la noblesse, scène à nombreux personnages avec légende explicative, monture en bois restauré), et gravure coloriée frangée de soie rose.

195. **Clef de montre** (1820), en or estampé, très belle, complète. Petite clef de montre Louis XIV, en cuivre, très jolie, soit 2 p.

196. **Deux horloges à sable ou sabliers,** dont l'un à 8 compartiments ne peut fonctionner, et mesure 0.45 de haut.

197. **Boite à jeu de boston,** en bois laqué noir et or, renfermant les 4 petites boîtes (Travail chinois).

198. **Boîte à jeu de boston,** en bois laqué rouge et or, complète et en bon état (XVIIe siècle).

199. **Petite boîte à jeux,** renfermant un jeu d'échec, 2 dés avec cornets, jeu de dames et tric-trac, dans son étui en carton recouvert en peau rouge (XVIIIe siècle). (Dim. 0.15 × 0.10).

200. **Trois boîtes :** cartonnages, recouverts de broderies en soies de couleurs, fils d'argent doré, fleurs rinceaux sur étoffes de soie en bon état de conservation (XVIIe siècle).
Ce numéro sera divisé.

201. **Longue inscription** sur parchemin collé sur bois, relative au puits qui existait dans l'église de St-Germain-des-Prés, à Paris, lequel puits aurait été l'occasion de plusieurs miracles. Cette pièce aurait disparu de la dite église en 1793 et retrouvée depuis d'après une ancienne note au dos du tableau. (Haut. 0.45 × 0.35).

202. **Encadrement** ovale, en bronze, offrant en fort relief des person nages symbolisant le jour et la nuit avec leurs attributs. Très belle pièce du commencement du XIXe siècle, ayant peut-être contenu un horloge. (Haut. 0.45 × 0.37).

203. **Atlas soutenant le monde.** Statuette en bronze moderne. Bonne fonte bien ciselée. (Haut. 0.28).

204. **Jeône russe** à 4 volets contenant dans 20 registres la vie du Christ et de la Vierge-Marie ; cuivre champlevé et fonds émaillés (ouvert 0.40 × 0.19).
Jolie pièce relativement moderne.

205. **Mouchettes en fer Louis XIV**, gravées et damasquinées d'ornements en or.

206. **Dessus de chaufferette** en cuivre repoussé, entièrement repercée à jour, d'ornements Louis XIII. (Diam. 0.22).

207. **Partie supérieure d'un petit flacon** avec le bouchon en bois, sculpté d'ornements et têtes d'un très fin travail, XVIIe siècle. (Hauteur 0.07).

208. **Trois clefs en fer** pour meubles du XVIe siècle, et petite clef gothique, soit 4 p.

209. **Entrée de serrure** architecturale, décorée de figures en relief en fer, ciselé. Bon fragment. (Haut. 0.10 × 0.07).

210. **Entrée de serrure** en bronze ciselé et doré, avec pièce d'applique, armoiries ornées : belle pièce du XVIe siècle, en bronze doré. Groupe de deux têtes d'anges (XVIIe siècе) en bronze doré, très beau, soit 3 p. de choix.
teur 0.07).

211. **Boîtier de montre** et de boussole ovale à bélière, en cuivre doré, gravé de sujets mythologiques, incomplet. (Long. 0.07).

212. **Boîtier de montre** rond en cuivre doré (XVIe siècle), sur le couvercle Curtius se précipite dans le gouffre. Le pourtour présente une frise d'ornements de très beau style. (Le fonds manque). Belle ciselure et dorure. (Diam. 0.05).

213. **Trois cachets en fer** gravés d'armoiries. Jolie petite pince en fer, soit 3 p. gravées d'ornements.

214. **Très petite boîte ronde** en émail de Saxe, blanche, fermant à charnière (dessus absent) Louis XV.
Très petite boîte ronde en ivoire (deux cœurs unis sur le couvercle).
Ecrin à bague en galuchat vert, soit 3 pièces.

215. **Aiguière persane** en bronze, pièce ancienne, malheureusement incomplète. (Haut. 0.25).

216. **Petit crochet** en fer forgé, avec son poids décoré de têtes et ornements, complet (XVIe siècle).

217. **Moule à balle et à chevrotines.** Très curieuse pièce en cuivre avec le nom du fabricant (XVIe siècle).

218. **Entrée de serrure** en cuivre, Louis XIV.
Deux entrées de serrure en fer gravé (XVIe siècle), soit 3 p.

219. **Chandelier** en fer, en spirale.
Masque en plomb doré Louis XIII, pour fontaine, grandeur nature.
Débris de casque en fer (XVIe siècle).
Petit vase couvert à charnière en étain, soit 4 pièces.

220. **Mouchette et son plateau** en laiton. (Long. 0.19).

221. **Petite bassinoire,** en cuivre.
Tête d'ange, pièce d'applique en cuivre.
Marteau en fer (XVIe siècle).
Tête d'ange, en bois, pièce d'applique Louis XIII, soit 4 p.

222. **Petit cadre Louis XIV,** dit à paquets, en bois sculpté et doré, dans lequel est sous verre le portrait de Pie VI, gravé par Mercié, à Lyon, et colorié. (Haut. 0.25 × 0.20).

223. **Paire de vases Louis XVI,** en albâtre jaspé, veiné de rouge, de forme Médicis, sur bases carrées, en marbre gris Ste-Anne. Ils sont ornés d'anses et de deux rangs de perles en bronze dorés(restaurés). (Haut. 0.22).

224. **Pupitre à musique.** Trépied à crémaillère, à 2 lumières coudées et à tige mobile, en fer forgé (XVIIe siècle).
Jolie pièce.

225. **Plaque de foyer** en fonte dite Bretagne offrant la prise de la Bastille et l'inscription, 14 juillet 1789. Très curieuse. (Haut. 0.77 × 0.70).

226. **Couteau de poche,** à manche de cuivre estampé, offrant Napoléon 1er en pied, en bon état.

227. **Médaillon.** Portrait de M. Persil, pair de France (1841), par Caqué, grav. de la Monnaie.
Moulage en plâtre. (Diam. 0.25).
Sous verre, cadre doré.

228. **Presse papier** en marbre, dont l'anneau est pris dans la masse. (Long. 0.10 × 0.08).

229. **Loup.** Bronze de P.-J. Mène, 1847 (signé). Long. 0.26 × 0.12).

ARMES

230. **Criss Malais,** à lame flamboyante et poignée d'ivoire, sculpté d'ornements, pièce ancienne.

231. **Très belle petite épée Louis XIV.** La garde, le pommeau, sont en fer et décorés en reliefs d'ornements, très fins, sur fond d'or. La lame triangulaire est gravée d'ornements, bonne conservation.

232. **Epée Louis XIV,** avec son fourreau. Belle pièce en acier ciselé. La garde, le pommeau, sont entièrement repercés à jour d'ornements les plus délicats. La lame est ornementée.

233. **Dague** avec lame à plusieurs gouttières, repercée à jour et poignée en fer forgé ajouré, gravée et incrustée d'ornements en argent. (XVIe siècle). (Long. 0.42).

234. **Poignard à lame** gravée d'ornements sur fond d'or et poignée en fer forgé. Le pommeau et les quillons droits sont incrustés d'argent.
Très jolie pièce en bon état, sauf la fusée,

235. **Couteau de chasse**, à manche d'ivoire, avec torsade métallique, manque un quillon.

236. **Epée Louis XIV.** Garde, coquille, pommeau en fer, gravé d'ornements et complète.

237. **Epée Louis XIV.** Lame à gouttière (Valancia). Garde en fer, coquille à deux ailes, finement repercée à jour.
Jolie fusée.

238. **Rapière Louis XIII.** Lame quadrangulaire, coquille repercée à jour, pommeau, pas d'âne, écusson, gravés d'ornements.
Jolie fusée.

239. **Lame d'épée rouillée.**
Lame de sabre courbe.
Poignée de couteau de chasse, entièrement repercée à jour et gravé (soit 3 p.).

240. **Pertuisane**, gravée d'ornements avec sa hampe cloutée en cuivre XVIe siècle).

241. **Petit canon** en bronze, dont les ailerons sont en forme de dauphins, daté de 1592, monté sur un affût en bois ferré, dont les roues en cuivre sont modernes. (Long. du canon 0.36).

242. **Petit tromblon espagnol**, batterie à silex, canon gravé, crosse incrustée d'ornements en filets de cuivre, et en bon état (XVIIe siècle). (Long. 0.58).

INSTRUMENTS DE MUSIQUE

243. **Très belle mandoline italienne** (Bologne, 1735), incrustée d'ivoire sur écaille, plaquée en ébène à filets d'ivoire, richement ornée et en parfait état (Giusepe Fontanelli fecé). (Long. 0.50). Avec son étui du temps recouvert en cuir et clous de cuivre, et fermant à clef.

244. **Mandoline italienne**, incrustée de nacre et écaille, filets en ivoire (1733), manque de conservation. (Long. 0.55).

245. **Guitare espagnole**, en sapin et manche d'ébène incrusté d'ivoire. (Long. 0.93).
Jolie pièce.

246. **Flûte à bec**, en bois et ivoire, en bon état (XVIIe siècle).

247. **Harpe fin Louis XVI**, en bois sculpté et doré, colonne cannelée et chapiteau à feuilles d'acanthe (Pollet, à Paris).

ANTIQUES

248. **Divinités égyptienne et amoulettes** en forme de gaines. Bois, marbre, terres cuites rouge et émaillées ; de diverses dimensions (depuis 0.30 jusqu'à 0.05), soit 6 p., dont 4 avec hiéroglyphes. (Deux incomplètes des pieds).
Ce numéro sera divisé.

249. **Hache** en silex préhistorique.
Dent de Cachalot (Montévidéo)., soit 2 p.

250. **Fragment d'une brique antique**, offrant en relief une colonne cannelée avec guirlande de fleur, et un masque scénique de très beau style. (Haut. 0.15 × 0.10).

251. **Fragment de marbre antique.**
Main avec bague fermée, sur une poignée de glaive, travail romain.
Vigne sauvage enroulée autour d'un fût de colonnette (XVIe siècle. (Haut. 0.12).

252. **Antique grecque.** Tête d'applique en pierre. Femme aux cheveux ondulés sous un bandeau royal. (Haut. 0.18).

253. **Petit buste** en bronze antique, fragment à patine verte (Haut. 0.05).
Jolie pièce.

254. **Petite lampe antique romaine**, en bronze, avec son trépied de même. (Haut. 0.19.
Jolie pièce.

255. **Deux haches romaines**, en bronze, 1 fragment de glaive, soit 3 p. antiques.

256. **Couteau en bronze romain et deux clefs romaines.**
(Ce numéro pourra se diviser)

257. **Glaive gallo-romain** en fer, avec sa poignée.
Lame gallo-romaine en fer, soit 2 pièces toutes incrustées de terre et rongées par la rouille.

258. **Romaine à poids en bronze,** complète, sous une belle patine verte. (Long. 0.20).

259. **Curieuse petite clef romaine,** à poignée quadrangulaire creuse et repercée à jour, bronze à belle patine verte. (Long. 0.08).

260. **Grande clef romaine** coudée en fer et dont l'anneau est en bronze, à patine verte. (Long. 0.10 × 0.11).

261. **Minerve.** Statuette antique en bronze (incomplète d'une main). (Long. 0.10).

262. **Bronze antique.** Sanglier. Petite pièce à patine verte (incomplète). (Long. 0.11 × 0.09).

263. **Clef romaine en bronze,** à patine verte. Jolie poignée ornée et ajourée, en bon état. (Long. 0.11).

264. **Clef romaine** en bronze, à patine verte, poignée ajourée d'ornements. (Long. 0.07).

265. **Clef romaine,** en bronze, à patine verte, poignée ajourée d'ornements. (Long. 0.08).

266. **Boucle d'oreille** en or, antique.

267. **Deux petites clefs romaines,** en bronze.
Deux surmoulages en plomb de plaquettes florentines du XVIe siècle, petites pièces ovales.
Jolie poignée de clef en fer (XVIe siècle), soit 5 p.

268. **Pointe de flèche** en pierre, préhistorique.
Pièce d'enfilage en terre (antique).
Intaille en verre, moulage moderne
Enseigne en plomb, soit 4 p.

FAIENCES ET PORCELAINES

ITALIE, ESPAGNE, ALLEMAGNE

269. **Deux très grands et beaux vases** en majoliques du XVIe siècle italien, de forme ovoïde et à couvercle. Deux anses formées de chevaux marins soutenus par deux enfants. Sur la panse, cartouches où sont en ronde bosse : Jupiter, Saturne, Neptune et Eole. Les bases, les cols et les couvercles sont décorés d'arabesques en bleu intense sur fond jaune ou inversement. Les corps des vases en bleu empois (1581), quelques restaurations. (Haut. 0.75).

270. **Bas relief : La Vierge et l'Enfant-Jésus endormi** (XVI siècle), faïence vernissée sur engobe jaunâtre rehaussé de quelques émaux bleus et verts. Cadre d'ornements grav. branchages avec fruits (Haut. 0.45 × 0.35).
Très belle pièce.

271. **Pied de vase** en faïence vernissée sur engobe entièrement gravé d'ornements et de têtes de femmes. Trois lions en plein relief, sont assis sur la moulure. Très beau fragment de grand style du XVIe siècle. (Diam. 0.18, haut. 0.15).

272. **Petite aiguière en faïence d'Urbino,** décors d'arabesques et chimères polychromes de beau style avec une banderolle sur une crosse d'évêque et la légende « St-Benedetti » (bec restauré). (Haut. 0.16).

273. **Vase de pharmacie** à deux lobes en faïence italienne. Décors godrons bleus. (Haut. 0.18).

274. **Petit sucrier** (?) en faïence de Novi, à couvercle et décors polychromes, à fleurettes et bords striés en jaune. (Long. 0.11).
Très jolie pièce d'une grande finesse et d'un bel émail. (Long. 0.11).

275. **Belle soupière,** couvercle et plateau en faïence de Nove (?), forme Louis XV, décors à fleurs polychromes et fleurs en relief au bouton du couvercle. (Long. 0.33 × 0.27).

276. **Plat rond**, creux, en faïence hispano-moresque, à reflets métalliques. Décors d'arabesques et feuilles gaufrées en bleu ; ombilic à godrons (XVIe siècle), quelques écaillures. (Diam. 0.40).

277. **Plat rond** creux à ombilic, en faïence hispano-moresque, à reflets métalliques, décors arabesques, rouge de cuivre (XVIIe siècle). (Diam. 0.39).

278. **Carreau de poêle** allemand, en faïence émaillée vert, offrant en bas relief, La Vierge agenouillée dans son oratoire. Très belle pièce du XVIe siècle dans un cadre en bois noir. Dim. de la faïence. (Haut. 0.18 × 0.15).

279. **Fragment de carreau de poêle** allemand, en faïence émaillée vert, offrant en bas relief un personnage appuyé sur un écusson (XVIe siècle). (Haut. 0.20 × 0.10).

280. **Fragment de poêle** allemand, en faïence émaillée brune, médaillon rond offrant en bas relief une tête de femme curieusement coiffée et de très beau style (XVIe siècle). Diam. de la pièce 0.21), cadre en bois noir.

MOUSTIERS

281. **Médaillon** en faïence de Moustier, polychrome avec sujet (Leda et le Cygne), et bordure Bérain (1753), dans un cadre bois noir. (Diam. 0.15).

282. **Saucière** en faïence de Moustiers. Décors polychrome d'ornements en rocaille, fleurettes et papillon. Très jolie pièce d'un riche décor sur bel émail. (Long. 0.20).

283. **Belle soupière** et son couvercle, à bords contournés, en faïence de Moustiers. Décors polychrome à fleurettes et anses à mufles de lions. Légère fêlure. (Long. 0.32).

284. **Quatre tasses campanulées** en faïence de Moustiers. Décors polychrome à fleurs et personnages grotesques.
Jolies pièces.

285. **Grande buire**, en faïence de Moustiers à décors de fleurs, personnages et oiseaux en bleu intense sur bel émail. Très belle de forme et de décors, quelques tares. (Haut. 0.45).

286. **Grande cuillère** en faïence de Moustiers. Décorée d'un mascaron et ornements en bleu de style Bérain. (Long. 0.33). Exposition rétrospective de Lyon en 1877.
Jolie pièce.

287. **Paire de petits souliers** à boucles et haut talon, en faïence de Moustiers. Décors à fleurettes polychrome (restauration).

288. **Aiquière en casque,** en faïence de Moustiers bleu. Décors de style Bérain ; bordures et guirlandes. (Haut. 0.23).

289. **Petit vase** droit et rond, à échancrure, en faïence de Moustiers, bleu. Décors d'arabesques, d'après Bérain, et mufles de lions en relief .(Diam. 0.12).

290. **Sucrière à poudrer,** se fermant à vis, en faïence de Moustiers, polychrome. Décorée d'un semis de fleurettes. Très jolie pièce dont le bouton est recollé. (Haut. 0.24).

291. **Sucrière à poudrer,** en faïence de Moustiers bleu.Très fin décors. d'après Bérain. (Haut. 0.22).
Jolie pièce.

292. **Compotier rond** à pied-bas, en faïence de Moustiers bleu. Décors à bordure Bérain et grand sujet central offrant la Sainte-Famille avec St-Jean et Ste-Anne, brèches au pied. (Diam. 0.25).
Bonne pièce.

293. **Pot à eau** à couvercle et sa cuvette, en faïence de Moustiers, polychrome. Les deux pièces sont à décors de guirlandes de fleurs, médaillons avec sujets à personnages (Diane chasseresse et Triomphe d'Amphitrite). (Long. de la cuvette 0.38).
Très belles pièces d'une grande finesse d'exécution.

294. **Plat long** à bords contournés, en faïence de Moustiers. Décors polychrome à guirlandes de fleurs et sujet central (Triomphe d'Amphitrite. (Long. 0.37).
Très belle pièce.

295. **Petit plat ovale,** en faïence de Moustiers bleu, à blason central. (Long. 0.34).
Jolie pièce.

296. **Plat long octogone**, en faïence de Moustiers. Décors Bérain bleu, large vignette aux bords et au centre, en fines arabesques. (Long. 0.43).
Belle qualité.

297. **Plat long** à bords contournés, en faïence de Moustiers. Décors Bérains bleu arabesques et dieux marins (fêlure).(Long. 0.43).
Très belle pièce.

298. **Plat long** à bords contournés, en faïence de Moustiers. Décors bleu, d'après Bérain, arabesques et dieux marins. (Long. 0.43).
Très belle pièce.

299. **Grand plat rond** à bords ondulés, en faïence de Moustiers. Décors polychrome à guirlandes et grotesques, personnages et animaux. (Diam. 0.39).
Très belle pièce.

300. **Petit plat creux**, rond, à bords ondulés, en faïence de Moustiers. Décors polychrome à guirlandes et sujet central (Vénus sur les eaux). (Diam. 0.26).
Belle qualité.

301. **Petit plat creux rond**, à bords ondulés en faïence de Moustiers. Décors polychrome à guirlandes et sujet central (Léda et le cygne).
Belle qualité (diam. 0.26).

302. **Porte-plat rond**, à 8 pans avec une galerie découpée, en faïence de Moustiers, à décors. Bérain bleu très fin (diam. 0.25).

303. **Porte-plat rond**, à 8 pans, avec une galerie découpée en faïence de Moustiers, à décors, Bérain bleu très fin.
Brèches à la galerie (long. 0.35 + 0.27).

304. **Porte-plat octogone allongé**, avec une galerie découpée en faïence de Moustier, à décors Bérain bleu très fin.
Brèche à la galerie (long. 0.35 × 0.27).

305. **Ravier à deux anses**, en faïence de Moustier, décors polychrôme à fleurs et grotesques.
Très jolie pièce (long. 0.24).

306. **Petite jardinière ovale**, à anses, en torsades, en faïence de Moustier, décors Bérain bleu.
Très belle qualité, légère brèche au col (long. 0.29).

307. **Petite jardinière ovale,** à anses en torsades, en faïence de Moustier, décorée en bleu, d'après Bérain.
Très belle qualité (long. 0.29).

308. **Sucrière à poudrer,** en faïence de Moustier, décoré en bleu, d'après Bérain.
Belle qualité (haut. 0.20).

309. **Sucrière à poudrer,** en faïence de Moustier, richement décorée en bleu d'après Bérain.
Belle qualité (haut. 0.20).

NEVERS

310. **Belle soupière à 4 pieds,** anses en poissons et à couvercle à bouton d'artichaux, en faïence de Nevers, décors polychromes ; oiseaux, personnages (Hercule, Diane la Fortune etc.), fleurettes et bouquets (long. 0.40).

311. **Ecuelle couverte en faïence de Nevers.** Décors polychromes, de paysages, fleurs et oiseaux, anses et bouton en branchages, à fruits et feuilles.
Très jolie pièce finement décorée (diam. 0.22).

312. **Salière,** supportée par 3 sirènes sur une base à pattes de lion, en faïence de Nevers, de style italien (haut. 0.13).

313. **Assiette,** en faïence de Nevers. Décors bleu et jaune ,dans le style de Moustiers, à fleurs et oiseaux.

314. **Petite jardinière,** en faïence de Nevers, côtelée. Décors bleus à fleurs personnage et mufle de lions.

315. **Paire de grands vases,** piriforme, en faïence de Savone ou Nevers. Décors à personnages, en costumes du temps, paysages à monuments en ruines et grandes fleurs dans le style italien.
L'un des deux est fêlé (haut. 0.45).

316. **Très belle fontaine,** couvercle et vasque, de forme trilobée et droite ; décors polychrome, au centre, Vénus et deux amours ; deux génies l'automne et l'été aux côtés. La vasque offre dans le fond, Vénus sur un dauphin et sur le pourtour un amour.

Ces sujets dessinés en jaune sont encadrés de riches ornements en arabesques. Les 2 pièces ont en saillie des têtes de satyres et le couvercle un bouton en volute.

Cette superbe pièce présente un ensemble très harmonieux de coloration dans lequel on retrouve les motifs décoratifs de Moustier et le goût italien de Nevers pour les sujets mythologiques (haut. de la fontaine 0.41, larg. de la Vasque restaurée 0.54).

317. Sera vendu avec le nº 387.

318. **Petit ravier**, et son dessous en faïence de Nevers. Décors bleus à fleurs ,dans le style de Moustier.
Bel émail (larg. 0.18).

319. **Grand plat long**, en faïence de Nevers, à bords contournés, décors polychrome, danseurs champêtres, scène à 6 personnages.

210—

320. **Plat long**, en faïence de Nevers, à décors bleus, fleurs, oiseaux et personnages, style Moustier (long 0.40).

321. **Soupière et son couvercle**, en faïence de Nevers, à décors bleus, dans le style de Moustier, fleurs et oiseaux.
Restaurée (long. 0.30).

322. **Gourde ronde** et plate à pied en faïence de Nevers, décors polychrome d'un château fort et bleuets (diam. 0.21).

323. **Très belle gourde ronde et plate**, en faïence de Nevers, décors polychrôme, deux sauvages armés d'un arc, dans un paysage style Moustier (diam. 0.17).

170—

324. **Bouteille plate à long col**, ajourée au centre, en faïence de Nevers, décors polychromes à paysage, personnages et oiseaux.
Restaurée au pied (haut. 0.32 × 0.20).

325. **Gourde**, forme coquillage, en faïence de Nevers, de style italien, décors polychromes.
Incomplète (haut. 0.17 × 0.16).

326. **Gourde**, en forme de coquillage, en faïence de Nevers, de style italien, décors polychromes (haut. 0.17 × 0.16).

327. **Grand saladier**, en faïence de Nevers, décors bleus et maganèse, fleurs au centre et bordure, dans le style de Rouen.
Bonne pièce (diam. 0.40).

328. **Grand vase cylindrique**, en faïence de Nevers, décors bleus à rinceaux et anses en têtes de lions.
Fortement restauré (diam. 0.43, haut. 0.35).

329. **Deux assiettes**, en faïence de Nevers. Décors en bleu, à paysage, personnages et armoiries.
L'une restaurée.

330. **Très belle gourde à col**, en faïence de Nevers, décors à fleurs et oiseaux, en vert de cuivre et bandes en noir, sur fond jaune (haut. 0.30).

331. **Bouteille carrée**, à goulot étroit, en faïence de Nevers, décors en bleu, à rinceaux, fleurs et oiseaux (haut. 0.27).

332. **Grande gourde**, en faïence de Nevers, décors bleus, de fleurs style de Rouen, anses à tête de bélier.
Quelques écaillures d'émail (haut. 0.39).

333. **Cache-pot**, en faïence de Nevers, décors bleus, dans le style Moustier et têtes de satyres (diam. 0.20 × 0.17).

334. **Assiette**, à bords contournés, en faïence de Nevers à fond bleu, décors à fleurs, en blanc fixe et filets jaunes (diam. 0.25).

335. **Petit compotier rond**, en faïence de Nevers, à fond bleu, décoré de rinceaux, en blanc fixe et d'œillets avec oiseaux en jaune.
Quelques brèches (diam. 0.22).
(Expos. rétrosp. de Lyon en 1877).

336. **Petit plateau rond**, en faïence de Nevers, fond bleu, décoré d'une vignette en blanc fixe et sujet central à tulipe, blanc et jaune, de style italien (diam. 0.25).
(Expos. rétrosp. de Lyon en 1877).

337. **Compotier sur pied**, en faïence de Nevers, à fond bleu foncé, décoré d'une vignette en blanc fixe (diam. 0.26).

338. **Grand plat rond**, en faïence de Nevers, décors en bleu et manganèse de scènes chinoises, à nombreux personnages dans le fond, en bordures, scènes chinoises alternant avec des arabesques florales.
Belle et rare pièce (diam. 0.54).
(Exposition rétrospective de Lyon 1877).

339. **Grand plat rond**, en faïence de Nevers, décors bleus à belle bordure, à rinceaux et mascarons, dans le style italien, avec sujet central offrant une chasse au bœuf sauvage (?), d'après Tempesta (diam. 0.40).
Très belle pièce très rare.
(Exposition rétrospective de Lyon 1877).

ST-JEAN-DU-DÉZERT

340. **Grand plat rond**, en faïence de St-Jean-du-Désert, décors bleus à belle bordure, dans le style de Rouen, avec un sujet central offrant une chasse au sangier d'après Tempesta.
Très belle et rare pièce (diam. 0.53).
(Exposition rétrospective de Lyon 1877).

341. **Grand plat ovale**, en faïence de St-Jean-du-Désert. Décors bleus à lambrequins de style de Rouen, en bordure, avec sujet central, offrant une chasse au cerf, d'après Tempesta.
Très belle et très rare pièce (long. 0.58).

342. **Grand plat oval**, en faïence de St-Jean-du-Désert. Décors bleus, en bordure, dans le style de Bérain, avec beau sujet central, offrant une chasse à l'éléphant, d'après Tempesta.
Très belle et rare pièce, brèches et fêlure (long. 0.57).

ROUEN

343. **Ecuelle couverte**, en faïence de Rouen, décors polychromes, guirlandes, fruits dans des réserves, bordures quadrillées, à l'intérieur Ste-Elisabeth d'Huifii, 1753.
Jolie pièce (diam. 0.23).

344. **Couvercle de soupière oblongue**, à 8 pans, en faïence de Rouen, décors polychromes, à guirlandes de fleurs, rinceaux sur fonds quadrillés, bouton en serpent (long. 0.31).

345. **Grand plat long octogone**, en faïence de Rouen, décors bleus à deux vignettes en bordure et sujet central à 8 pans.
Très belle pièce décorative, restaurée (long. 0.48).

346. **Plat long octogone,** en faïence de Rouen, décors polychromes, à guirlandes, vases de fleurs et sujet central analogue.
Restauré (long. 0.38).

347. **Plat long octogone**, en faïence de Rouen, décors polychromes, à lambrequins, guirlandes et corbeille de fleurs au centre.
Bonne pièce (long. 0.44).

348. **Petit plat ovale**, à bords contournés, en faïence de Rouen, à décors polychromes et pagode au centre (long. 0.30).

349. **Aiguière en casque**, en faïence de Rouen, polychrome, décors à lambrequins, godrons, mascaron avec armoiries, imitation.
Recollée au pied (haut. 0.25).

350. **Assiette creuse**, en faïence de Rouen, décors polychromes, fleurs au marli du centre, corbeille à fruits, fleurs et perroquet.
Très jolie pièce.

351. **Corbeille longue, octogone**, à anse, en faïence de Rouen, polychrome, jolies vignettes en bordure intérieure et extérieure et vase de fleurs au centre.
Fêlure (long. 0.35).

352. **Plat long octogone**, en faïence de Rouen, décors polychrome à guirlandes et sujet central, à corbeille de fleurs.
Très beau spécimen de ce genre de décors, fêlure (long. 0.42).
(Exposition rétrospective de Lyon 1877).

353. **Plat rond**, à bords contournés, en faïence de Rouen décors popolychromes, fleurs et oiseaux.
Jolie pièce (diam. 0.35).

SCEAUX

354. **Jardinière**, en faïence de Sceaux, à anses et bordures roses, Trois pans et décors, polychrome d'oiseaux sur terrasse et branchages (long. 0.20).

355. **Assiette**, en faïence de Sceaux, à bords ondulés, striés de hâchures roses, au centre, décors polychromes, médaillon à nœud et guirlande, encadrant 2 coqs en camaïeux bleu.
Légère brèche.

356. **Jardinière**, en faïence de Sceaux, dont le dessus est percé de 3 trous. Très jolie forme avec 4 consoles à pieds, décorée d'une vignette à fleurs bleues,les saillants sont à filets de carmin.
1 pied restauré (long. 0.20).

357. **Jardinière**, à deux compartiments et ses dessus percés de sept trous, en faïence de Sceaux, décorée d'un médaillon aux attributs de l'amour avec guirlandes et bouquets suspendus en camaïu bleu. Les parties saillantes sont dorées.
Très belle pièce (long. 0.24).

DELFT

358. **Assiette creuse**, en faïence de Delft (?), décors polychromes, quadrillé et fleurs dans des réserves.
Jolie pièce (diam. 0.26).

359. **Potiche couverte**, en faïence de Delft, décors bleus, paysage à personnage et animaux (haut. 0.25).

360. **Porte-burettes**, à deux cases et une seule burette (anse absente), en faïence de Delft, doré de la fabrique de Kaiser et Pinaker, décors à fleurs, rouge de fer et bleu avec oiseaux, style chinois.
Très belle qualité, malheureusement très incomplet.

361. **Plat**, en faïence de Delft, polychrome, décors à chrysanthèmes, oiseau, sur terrasse, dans le style chinois.
Très belle décoration. Restauré (diam. 0.31).

362. **Plat**, en faïence de Delft, décors polychromes, à fond vert et éventails de style chinois (diam. 0.28).

363. **Plat**, en faïence de Delft, décors polychromes, à fond vert et éventails de style chinois (diam. 0.28).

364. **Corbeille ronde évasée,** à deux anses, ajourée en treillage, avec son dessous à bords ondulés, en faïence de Delft (?), décors de style chinois, mimosas, autruches, etc., en bleu, rouge de fer, rehaussé d'or.
Très jolies pièces (diam. de la corbeille 0.23, diam. du plat 0.28).

DIVERSES FABRIQUES

365. **Plat ovale,** du genre Palissy : le Baptême du Christ, en émaux de couleur (haut. 0.30).
Plat rond, du même genre : Le jugement de Salomon, en émaux de couleur.
Restauré (diam. 0.25).
Soit 2 p.

366. **Deux très beaux plats,** à bords contournés, en faïence de Samadet (Landes), beaux décors polychromes, personnages en costumes de ballet, animaux, oiseaux, insectes et fleurs, les plus riches couleurs, le dessin d'une ampleur magistrale (long. 0.38).
Ce numéro sera divisé.

367. **Petite soupière avec couvercle Louis XV,** anse en branchages, décors à fleurs et ornements, rocaille en manganèse (longueur 0.27).

368. **Ravier,** en faïence de Marseille, anse en jaune et décors à fleurs polychromes, serties d'un filet noir (long. 0.22).

369. **Ecuelle couverte,** en faïence de Valenciennes, anses et bouton en branchages, décors polychromes à fleurs. Dans l'écuelle, on lit « Claire du Bau, 1787 ».
Fêlure, jolie pièce (diam. 0.28).

370. **Corbeille ronde,** ajourée en treillage, anses, branchages et fleurettes bleues, en faïence française, au monag. C. S.
Restauré, bel émail (diam. 0.27).

371. **Pot à eau,** en faïence de Marseille, orné d'un riche décor polychrome. L'anse en torsade de branchages à feuilles et fruits. La panse présente un port de mer avec motif d'architecture, au pied duquel sont assis deux personnages Louis XV, le tout dans un encadrement rocaille.
Superbe pièce en bon état et d'un bel émail (haut. 0.20).

372. **Compotier à pied**, en faïence, décors, en bordure, une légère vignette en bleu ; au centre, oiseaux sur branchages et terrasse en jaune, habilement dessinés.
Très jolie pièce (diam. 0.27).

373. **Petit plat**, à bords contournés, en faïence, décors, oiseaux sur deux branches fleuries en rose d'or et feuilles vertes.
Très jolie pièce, de beau style chinois (diam. 0.28).

374. **Lanterne**, à anses en faïence italienne, décors polychromes, fleurs et amours (haut. 0.20).

375. **Saucière à couvercle**, de Niederviller, décors polychromes, à fleurs sur reliefs, bords contournés Louis XV.
Jolie pièce (long. 0.23).

376. **Jardinière**, en faïence de Milan, décors Louis XV, rocaille en bleu et jaune et fleurs polychromes.
Restaurée. Bel émail et riche coloration (larg. 0.28, haut. 0.19).

377. **Petite jardinière côtelée**, en faïence de Roanne, à fleurs polychromes.

Petite brèche.

378. **Deux lions assis**, en faïence émaillée, jaunes (17 s.), pièces d'enfilage de forme semblable (haut. 0.28).

379. **Vase**, à anses à volutes, en faïence de Marseille, décors à guirlandes, en vert serti de noir.
Jolie pièce (haut. 0.10).

380. **Boite à épices**, à deux compartiments, et son dessous, en faïence polychrome du Midi.
En bon état et complet (long. 0.20).

381. **Joueur de cornemuse**, statuette en faïence ancienne, polychrome (haut. 0.46).

382. **Soupière**, en faïence de Roanne, et son couvercle, décors à fleurs manganèse (long. 0.30).

383. **Vase**, à deux anses, en branchages fleuris, en faïence espagnole, décors polychromes de tulipes.
Col ébréché (haut. 0.30).

384. **Plat long,** à bords contournés, en faïence de Lyon (?). Pièce populaire, offrant en teintes polychromes le supplice sur la roue d'un violeur de filles, avec sergents à cheval, bourreaux, moines, et confrérie de pénitents (long. 0.43).

385. **Plat,** en faïence suisse, décoré d'un vase de fleurs, tulipes, etc., en rouge et vert sur fond jaune (diam. 0.33).

FAIENCES BRUNES

386. Sous ce numéro seront vendues 9 pièces diverses, en faïence, brunes jaspées, d'un très bel émail.

FAIENCES EN LOTS

387. Sous ce numéro seront vendues 41 p. faïences diverses, de toutes qualités et quelques porcelaines.

GRÈS

388. **Cruche,** à anse en grès gris et émail jaune,décoré d'estampages en relief sur la panse, 7 électeurs du St-Empire avec armoiries sous des arcades, au col frise d'ornements du meilleur style Très jolie pièce (XVIe s.).
Petite brèche au col (haut. 0.23).

389. **Cruche,** de grès gris, décorée d'émaux bleus et violets, gaufrée d'ornements très fins et armoriée aux 3 fleurs de lys, masque au goulot.
Jolie pièce (XVIIe s.) (haut. 0.24).

390. **Petite lagène,** en grès gris, émaillée en bleu et violet, gaufrée d'ornements très fins, fleurs de lys et marguerites.
Très jolie pièce (haut. 0.12).

391. **Pichet,** à ouverture évasée et trilobée, décoré d'une tête d'homme en ronde, bossé en grès gris, gravé d'ornements (17 s.), (haut. 0.22).

392. **Theière,** en grès jaune, décorée d'ornements en feuillages, gravée à la pointe.
Jolie pièce (haut. 0.13).
Sucrier, couvert en grès jaune, avec des anses en volutes (diamètre 0.13).
Soit 2 p.

PORCELAINES DIVERSES

393. **Pot pourri,** groupe de deux personnages, homme et femme, vêtus à la turque ; l'homme agenouillé porte une tige d'ananas à couvercle, formant le récipient.

Belle pièce en porcelaine, peinte de Frankenthal. La tête de la femme est recollée, quelques feuilles ébréchées (long. de la terrasse 0.18, haut. 0.31).

394. **Groupe de trois nymphes,** portant un amour, en porcelaine peinte du 18e siècle, portant les initiales C. A., suivies de 3 points au feu de moufle (long. de la terrasse 0.17, haut. 0.24).

395. **Jeune homme,** vêtu à la turque, couché et accoudé à un banc de pierre.

Jolie pièce en porcelaine, peinte de Frankenthal (long. de la terrasse 0.15).

396. **Marchande fruits,** statuette en faïence émaillée italienne, petites brèches au chapeau et tête recollée (haut. 0.23).

397. **Groupe à deux personnages,** en faïence peinte de Niederviller (Sauvage, dit Lemire), berger et bergère.

Très jolie pièce (restaurée à la base (long. 0.15, haut. 0.20).

398. **Deux tasses,** sans anses, avec soucoupes en pâte tendre, de Sceaux ou Tournay, décorées d'oiseaux de fantaisie, dans des paysages de même, de la plus riche coloration et de l'exécution la plus parfaite, filets d'or en bordure.

Une soucoupe de même, soit 5 pièces.

Ce numéro pourra se diviser.

399. **Porcelaine de Nassau,** service solitaire, composé du plateau et cinq pièces (complet, très beaux décors, avec imbrications vertes, guirlandes en camaïeu violet, et groupes de fruits polychromes (18e s.).

Très belles pièces.

400. **Porcelaine de Boissette-sur-Melun** (1778), deux très belles tasses droites et soucoupe décorées de paysages, avec personnages et animaux en camaïu rose, avec jolie vignette vert et or, Belle qualité.

Ce numéro pourra se diviser.

401. **Deux tasses et soucoupe** en pâte tendre de Sèvres, à fleurettes, sur fond blanc (1784).

Pot à lait, de même fabrique (1765), restauré.

Ce numéro sera divisé.

402. **Grande soucoupe** en pâte tendre de Sèvres (1769), avec une frise décorative sur fond d'or, par Mérault aîné.

403. **Grand plat** gaufré, de godrons, à bords contournés, décoré de fleurs de style chinois, en bleu sous couverte.

Boîte à épices, à 4 compartiments, sans son couvercle tournant, décorée de rinceaux gros bleu au pourtour extérieur. Soit 2 pièces en pâte tendre sans marque, Poterat ou Chicanneau (?).

404. **Deux corbeilles** ovales, découpées en treillages, en porcelaine de Frankenthal. Décors polychrome à bouquets de fleurs. (Longueur 0.25).

405. **Cafetière** en porcelaine de Berlin (?), de jolie forme lobée, gaufrée en vannerie, décorée sur la panse de deux fins paysages avec personnages Louis XV. Le couvercle orné d'un branchage à fleur en relief et d'un petit paysage à personnages, charnière en cuivre doré. Brèche au goulot. (Haut. 0.24).

406. **Petite théière** en porcelaine de Frankenthal, finement côtelée et à décors à fleurs bleu, sous couverte.

Jolie pièce.

407. **Tasse et soucoupe,** en porcelaine de Vienne (soucoupe usée).

408. **Tasse droite et sous-tasse,** en porcelaine de Paris. Décors, médaillons sur fond marbré et ornements, d'après Lavallé-Poussin, en émaux de couleur, bordures en bleu et or. (Haut. 0.07).

Jolie pièce.

409. **Très joli petit sucrier** couvert, en porcelaine de Paris (Locré). Décors à guirlande de fleurs or, rubans, etc., anses en anneaux dorés Louis XVI. (Haut. 0.10).

Très belle qualité.

410. **Petit pot à lait** à 3 pieds, en pâte tendre blanche et or. Vieux Vincennes. (Haut. 0.08).

411. **Tasse et soucoupe** mignonnette, en porcelaine décoré de Locré, Louis XVI.

Tasse et soucoupe mignonnette, en porcelaine de Paris, décors Louis XVI. Soit 2 jolies pièces.

PORCELAINES DE CHINE

412. **Plat en porcelaine de Chine,** à bords ondulés, décors à fleurs rehaussé d'or, sur modèle français (XVIIe siècle). (Diam. 0.30).

413. **Jolie tasse sans anse et soucoupe** en porcelaine de Chine, décorée de fleurs en émaux et de fins paysages avec canards dorés.

Belle qualité en céladon, très pâle à l'intérieur.

414. **Assiette en porcelaine de Chine** peinte en noir d'un calvaire. Jésus-Christ en croix avec les deux larrons et nombreux personnage. Bordure d'ornement ,d'après un modèle français.

415. **Sucrier en porcelaine de Chine,** émaillé de fleurs en rouge de feu, bleu empois et rose d'or. (Haut. 0.15).

Cinq tasses et sous-vases et trois soucoupes de même modèle et qualité. Soit neuf pièces.

416. **Bol en porcelaine du Japon,** décors péonien et chrysantèmes en rouge de feu, bleu, sous couverte rehaussé d'or. (Diam. 0.19).

417. **Petit bol en porcelaine du Japon,** avec bordure en argent, décoré de pagodes, bateaux, et légende en bleu sous couverte (marque). (Diam. 0.19).

418. **Soupière à couvercle** ovale et son plateau, en porcelaine du Japon. Décors à chrysantèmes et bambous en bleu sous couverte, rehaussé d'oiseaux et insectes d'or. (Long. 0.24). (Long. du plateau 0.37).

Belle qualité.

419. **Trois compotiers en porcelaine du Japon,** décors péonien, en bleu sous couverte. (Diam. 0.22).

Belle qualité.

420. **Plat creux en porcelaine de Chine,** émaillé, décoré de chrysanthèmes et fleurs de pêcher, sur fond quadrillé et œil de perdrix (Chine de la compagnie des Indes). (Diam. 0.34).

421. **Compotier en porcelaine du Japon,** décoré d'un poisson, genre cyprin, peint en bleu sous couverte. (Diam. 0.27).

422. **Plat en porcelaine du Japon**, à décors bleu de pivoines et bords bruns. Légère fêlure. (Diam.

423. Sous ce numéro, seront vendues 14 pièces diverses, porcelaine de Chine.

VERRERIE

424. **Verrerie vénitienne.** Coupe évasée avec tige en balustre à bulle d'air et mufles de Lyon, en verre incolore très léger (XVIe siècle). (Diam. et haut. 0.15).

425. **Verrerie vénitienne.** Coupe campanulée à tige à bulle d'air, avec ailerons bleus à la pince (XVIe siècle). (Haut. 0.20).

426. **Verrerie vénitienne.** Cinq verres à pied de différentes formes, à tiges en bulle d'air en verre incolore (XVIe siècle). Haut. 0.14).

427. **Verrerie vénitienne.** Plateau rond à pied, en verre incolore décoré d'ornements, gravés à la pointe de diamant (XVIe siècle). (Diam. 0.26).

428. **Verrerie vénitienne.** Compotier à pied en verre incolore, décoré d'ornements dorés presque effacés (XVIe siècle). (Diam. 0.24).

429. **Verrerie vénitienne.** Petite coupe à pied, à godrons et balustre à bulle d'air, en verre incolore, décorée de points émaillés et dorés (XVIe siècle). (Diam. 0.18).

430. **Verrerie vénitienne.** Plateau à pied, en verre incolore décoré de godrons et à bords ondulés (XVIe siècle). (Diam. 0.28).

431. **Verrerie vénitienne.** Coupe plate à tige, à bulles d'air, en verre incolore d'une grande légèreté (XVIe siècle). Diam. et hauteur 0.15).

432. **Gargoulette espagnole**, en verre incolore, décorée de filets blancs en torsade, complète (XVIIe siècle). (Haut. 0.32).

433. **Verrerie hollandaise.** Quatre verres à pied de diverses formes, en verre incolore. (Haut. 0.14).

434. **Coupe à couvercle** et plateau en verrerie allemande, taillés et décorés en or de sujets de chasse et bergeries (XVIIIe siècle). (Diam. du plateau 0.20).

435. **Verre à boire** gravé d'ornements à la meule.
Petit flacon en verre incolore, décoré en bleu à la pince, soit 2 p.

436. **Bouteille en verre** vert, avec un cachet armorié (XVIIIe siècle). (Haut. 0.25).

437. **Coupe** sans couvercle et avec plateau en verrerie allemande, taillés et décorés en or de sujets de chasse et bergerie (XVIIIe siècle). (Diam. du plateau 0.20).

TABLEAUX ET DESSINS

TABLEAUX ANCIENS, XVe AU XVIIIe SIÈCLE

438. **Peinture à fond d'or.** La Vierge et l'Enfant-Jésus dans une gloire d'anges et de saints apôtres, à nimbes d'or, gravés, panneau sur bois du commencement du XVe siècle italien, dans un encadrement doré, ogival à colonnes torses plus récent. (Haut. 1 m. × 0.50).
Bonne conservation.

439. **Le Christ mort entre les bras de la Vierge et de St-Jean.** Très belle peinture flamande du XVIe siècle d'un beau sentiment religieux. Le panneau est fendu. Bois cadre noir moderne. (Haut. 0.77 × 0.55).

440. **Sainte-Famille, Sainte-Catherine, et le donateur.** Peinture italienne de la fin du XVIe siècle, assez bien conservée et d'une riche coloration. Bois, cadre doré moderne. (Haut. 1 m. × 0.75).

441. **Portrait de femme** à grande fraise de l'école des Clouet. Très fin petit portrait du XVIe siècle. (Une note de M. Guigue, archiviste à Lyon, authentifie ce portrait : Claudine Alex de Vienne, épouse de Claude de Damas, gouverneur de Dombes. Bois, cadre noir. (Haut. 0.20 × 0.18).

442. **Portrait de femme,** à grande fraise de l'école des Clouet. Très fin petit portrait du XVIe siècle). Bois cadre noir. (Hauteur 0.20 × 0.18).

443. **Portrait de femme** (1580), de l'école des Clouet. Très jolie pièce finement peinte dans un cadre en ébène, sur bois. (Haut. 0.30 × 0.23), pour la peinture, avec le cadre (0.46 × 0.40).

444. **PHILIPPE DE CHAMPAIGNE.** Portrait d'homme, derrière l'ancienne toile on lisait : « Portrait de M. Bourgès, pour M. Cazot ». Sur le fond « Le Dernier Mai, 1641 ». Très bonne peinture. (Haut. 0.72 × 0.58). Toile, cadre Louis XIV, en bois sculpté et doré.

445. **GASPARD NETSCHER.** Portrait de femme en pied, à mi-corps. Très richement vêtue, elle prend des bijoux dans un coffret que lui tend un nègre. Armoiries dans un angle de la toile. Quelques repeints (Haut. 0.41 × 0.34). Toile, cadre Louis XVI en bois sculpté et doré.

446. **NICOLAS POUSSIN** (d'après). La Confirmation ; de la suite des sept sacrements. Bonne copie ancienne. (Larg. 0.77 × 0.49). Toile cadre doré.

447. **Paysage italien du XVIIe siècle,** dans le style le Salvator Rosa, animé de nombreux personnages. Belle peinture largement et habilement traitée. (Larg. 0.82 × 0.55). Toile cadre doré.

448. **DAVID TENIERS le jeune.** Petit paysage avec trois personnages. signée du monogramme. (Long. 0.25 × 0.18). Bois cadre doré.

449. **Mariage mystique d'une sainte religieuse (Ste-Thérèse)** (XVIIe siècle). Très bonne et curieuse petite peinture, scène à sept personnages. (Haut. 0.28 × 0.25). Cuivre, cadre doré.

450. **Petit portrait d'homme** en pied, en costume de théâtre au XVIIe siècle. Très bonne peinture de l'école italienne. Hauteur 0.49 × 0.39). Toile cadre doré.

451. **SIMON CANTARINI.** Ste-Famille. Bonne petite toile d'une riche coloration. (Larg. 0.40 × 0.30). Toile cadre doré.

452. **Jésus-enfant, sauveur du monde** (XVIIe siècle). Très bonne peinture et bon dessin dans un cadre Louis XVI en bois sculpté, avec traces de dorure sur le bois. (Haut. 0.58 × 0.38), sur bois.

453. **Portrait d'un amiral dans l'attitude du commandement.** Belle peinture attribuée à Mignard. (Long. 140 × 0.85). Toile cadre doré moderne.

454. **RUBENS** (**P.-P.**). **L'Amour vainqueur** tenant en laisse un lion et foulant aux pieds de riches armures. Œuvre importante dont les qualités peuvent complètement justifier cette attribution. (Long. 160 × 120). Toile, cadre doré .

455. **Mariage mystique de Ste-Catherine** (École italienne) (XVIIe siècle). Très belle composition à nombreux personnages, saintes vierges ou martyres : Ste-Cécile, Ste-Thérèse, Ste-Claire et autres illustres carmélites. (Long. 160 × 120). Toile, cadre doré moderne.

456. **Buveur flamand assis devant le feu.** Petite toile dans le genre Teniers (XVIIe siècle). (Haut. 0.36 × 0.31). Toile cadre doré.

457. **POELEMBOURG. Baigneuses dans un magnifique paysage.** Excellent petit tableau de la plus précieuse exécution et très bien conservé. (Larg. 0.21 × 0.16 sans le cadre). Bois, cadre doré.

458. **A. VAN OSTADE. Buveur dans un cabaret,** scène à 3 personnages. Très bonne peinture bien conservée. (Long. 0.33 × 0.23). Bois, baguette noire.

459. **C. BERCHEM. Paysans et animaux,** traversant un gué, bonne conservation. (Larg. 0.37 × 0.28). Toile, cadre doré.

460. **ROLAND SAVERY** (attribué). Les animaux attirés par la musique ; beau paysage avec ruines de constructions anciennes et une foule d'animaux de toute espèce (larg. 0.60 × 0.50), bois.
Cadre ancien bois sculpté et doré.

461. **J. FYT.** Chien lévrier blanc, très fine peinture, bien conservée (haut. 0.26 × 0.22).
Bois cadre doré.

462. **Trois petits tableaux**, genre Téniers.
Défectueux (haut. 0.35 × 0.30).
Ce numéro pourra se diviser.

463. **Portrait d'homme** (XVIIIe s.), dans le style de Grimon. Bon portrait, demi-nature, bien peint et bien conservé (hauteur 0.33 × 0.29).
Toile, cadre noir ou ébène ancien, à moulures unies.

464. **Petit paysage**, du XVIIIe siècle, de style italien : paysans à la fontaine avec leur troupeau (larg. 0.22 × 0.19).
Bois, cadre bois sculpté et doré.

465. **Mariage mystique de Sainte Catherine.** Très belle peinture à à l'huile, sur cuivre, ovale, faite en miniature, travail italien (haut. 0.13).
Cadre noir et or.

466. **Persée**, vainqueur de Méduse, lui a coupé la tête. On voit Pégase ailé. Fine peinture sur cuivre, ovale (larg. 0.09).
Cadre noir.

467. **Ecole Italienne** (18e siècle). La Vierge, l'Enfant Jésus et Saint Jean-Baptiste (haut. 0.53 × 0.48).
Bois cadre doré.

468. **DIÉTRICH.** Moutons et âne au repos, très bon tableau original (larg. 0.57 × 0.47).
Bois, cadre doré.

469. **GRIMALDI** (18e siècle). Joueur de flûte à bec (haut. 0.52 × 0.44).

PASTELS ET DESSINS, XVIIIe SIÈCLE

470. **FRANÇOIS BOUCHER.** Têtes de jeune fille et jeune garçon. Gracieux dessin au pastel d'une très belle exécution et d'une coloration charmante.
Ovale sous verre, cadre Louis XVI du temps, signé des initiales (haut. 0.40 × 0.35).

471. **Dessin original de Gravelot**, à la plume et encre de chine (de la grandeur d'une vignette in-8°), avec cette légende :
« ....mais on vient disposer de mon sort,
Mon heure est arrivée, on me mène à la mort ».
pour illustration.
Sous verre.

472. **Aquarelle du XVIIIe siècle.** Les Bacchantes et le Satyre : cinq nymphes au repos, abritées sous une tenture, sont découvertes par un satyre. Très bonne pièce qu'on peut attribuer à Eisen, d'un bon coloris et bien conservée (haut. 0.21 × 0.19).
Sous verre, cadre doré.

473. **Portrait de jeune femme,** petit pastel Louis XVI, de la plus exquise fraîcheur.
Très jolie pièce (haut. 0.23 × 0.17), cadre du temps, carré, en bois sculpté et doré.

MINIATURES

474. **Miniature ovale sur cuivre du XVIe siècle.** Portrait de femme à grande fraise, peinte à l'huile.
Très fine peinture, assez bien conservée (haut. 0.06).

475. **Portraits de femme et d'homme** (Louis XVI), miniature peinte sur velin.
Très belle pièce (0.08), cadre noir carré (0.13).

476. **Miniature en grisaille,** Bacchanale de nymphes dansantes, très belle pièce signée De Gault, 1782 (diam. 0.08).
Cadre carré noir.

477. **Portrait de jeune femme Louis XV,** miniature oblongue, peinte sur ivoire, très belle pièce de tout premier choix comme costumes, meubles et travail.
Cadre bois doré.

478. **Portrait de femme âgée Louis XVI,** miniature ronde, peinte sur ivoire, bonne pièce.
Cadre noir et or.

479. **Portrait d'homme Louis XVI,** miniature ronde, peinte sur ivoire (diam. 0.06).
Cadre carré noir.

480. **Portrait de femme Louis XVI,** miniature ronde sur ivoire, très jolie pièce (0.05).
Montée sur une boîte en buis (0.08).

481. **Portrait d'homme Louis XIV**, miniature ronde sur ivoire. Très belle pièce (0.07).
Cadre noir.

482. **Miniature ronde Louis XVI**, bergère assise et berger cueillant une pomme, peint sur ivoire (diam. 0.07).
Cadre noir.

483. **Miniature ovale**, jeune femme (empire), sur ivoire, très bon portrait.
Cadre bois noir (haut. 0.05).

484. **Petite miniature d'homme Louis XV**, sur ivoire, dans un bon cadre ovale Louis XIV, en bronze fondu et doré (haut. 0.10.

485. **Petite miniature d'homme Louis XV**, sur ivoire, dans un très joli petit cadre ovale Louis XIV, en bronze ciselé et doré (haut. 0.08).

486. **Portrait d'homme Louis XVI.** Petite miniature ovale sur ivoire (fendue).
Montée en médaillon de bracelet cercle or (haut. 0.04).

487. **Portrait d'homme**, en costume militaire de la révolution, miniature ronde, sur ivoire (diam. 0.07).
Cadre carré bois.

488. **Portrait de femme** (empire), miniature ronde sur ivoire, riche coloration et grande finesse de travail (diam. 0.07).
Cadre noir.

489. **Portrait d'homme** (1820), petite miniature ovale, sur ivoire, montée en broche.
Monture or (haut. 0.05).

490. **Email de Saxe.** Enlèvement d'Europe, scène mythologique à nombreux personnages, au revers, nymphes endormies, couvercles de bonbonnière, rectangulaire.
Très beau, mais fracturé (dim. long. 0.08 × 0.06).

491. **Portrait de femme** (1830), miniature ronde peinte sur ivoire (diamètre 0.05).
Cadre acajou du temps.

492. **Portrait de femme** (1840), peinture ovale sur ivoire, signée de Ternier Touisa et montée sur une boîte ronde en écaille noire diam. 0.09).

493. **Vénus et l'amour,** miniature ronde, peinte sur ivoire, Louis XVI (diam. 0.08).
Cadre noir et or.

494. **Miniature,** marine, oblongue, peinte en fixé, signé Jacquand.
Cadre noir et or (long. 0.10).

495. **Miniature chinoise,** peinte sur verre, portrait de femme, très fin travail en bon état (haut. 0.28 × 0.23).
Cadre bois.

PEINTURES ET DESSINS DU XIXe SIÈCLE
GRAVURES

496. **LOUIS GUY (1865),** 2 perdrix mortes, peinture signée (larg. 0.31 × 0.24).
Toile baguette noire.

497. **Etude de paysage** : marais (larg. 0.35 × 0.22).
Toile, cadre doré.

498. **H. LEYMARIE.** Paysage, signé (larg. 0.50 × 0.43).
Toile, cadre doré.

499. **LAYS** (?). Raisins rouges et blancs, peinture (haut. 0.70 × 0.56).
Toile, cadre doré.

500. **Théodore LÉVIGNE.** Trompette de cuirassier (haut. 0.90 × 0.75).
Toile, cadre doré.

501. **C. BARRIOT,** lyonnais. Jeune femme jouant de la mandoline, peinture signée, datée 1884 (haut. 0.53 × 0.44).
Toile, cadre doré.

502. **CASTEX DESGRANGES,** lyonnais. Roses blanches, roses jaunes, en branches, et vase oriental, belle et importante peinture d'un des maîtres de la fleur, signé (larg. 1.25 × 110).
Toile, cadre doré.

503. **SAINT-CYR GIRIER.** Paysage d'automne. Très belle et importante peinture, signée (larg. 135 × 110).
Toile, cadre doré.

504. **P. VAYSON.** (Nombreuses médailles hors concours). Vaches au pâturage, pastel (larg. 0.34 × 0.24), sous verre.
Cadre bois et or.

505. **P. VAYSON.** Giroflées dans un vase (haut. 0.70 × 0.80).
Toile, cadre doré.

506. **P.-A. BESNARD** (1882) (officier de la Légion d'honneur, hors concours) La Pleureuse, pastel signé et daté 1882, très beau dessin de 0.45 de haut sur 0.31.
Sous verre, cadre peluche et bois.

507. **Jeune garçon, assis sur un rocher,** au bord de la Mer.
Dessin au crayon, d'après une estampe anglaise, à la manière noire, très beau portrait (dim. du dessin haut. 0.39 × 0.28).
Sous verre, cadre doré.

508. **MONSIAU (1810).** Socrate Aspasie et Alexandre. Très beau dessin à l'encre de chine, signé (larg. 0.30 × 0.23).
Sous verre ; cadre du temps, doré.

509. **Achille CHAINE,** lyonnais. Intérieur d'église, où l'on voit un moine en prière, dessin à l'aquarelle (haut. 0.31 × 0.24).
Sous verre, cadre du temps, doré.

510. **Petit cadre Louis XIV,** en bois sculpté, à feuilles de laurier dédoré (0.42 × 0.33).

511. **Tobie recouvre la vue.** Très bon et important dessin à la plume et au bistre de Sarti (XVIIe siècle), larg. 0.45 × 0.032).
Sous verre, cadre bois.

512. **A. SAVARY** (19e s.). Moulin sur une cascade, grande aquarelle signée (haut. 0.58 × 0.47).
Sous verre, cadre doré.

513. **GAGNERY** (1830). Vue de Paris : l'île de la Cité, le chevet de Notre-Dame et marché sur le quai. Jolie aquarelle, signée (long. 0.50 × 0.39).
Sous verre, cadre bois.

514. **Général et son escorte de cavaliers**, se dirigeant vers un camp. Aquarelle du 18e siècle, dans le style de « Casanova », dans un cadre de baguettes Louis XIV, dorée et recoupée.
Sous verre (larg. 0.47 × 0.38).

515. **F. HOUDART** (1844). Chevaliers du moyen-âge combattant à pied ou à cheval. Deux excellents dessins à la plume, signés (larg. 0.19 × 0.13).
Sous verre.

516. **Marie de COSTA**, portrait de Mme la Duchesse d'Angoulême, d'après un buste, petit dessin au crayon noir et estompe.
Bonne pièce (haut. 0.32 × 0.29).
Sous verre, cadre doré.

517. **Tête d'homme**, couvert d'un grand chapeau, dessin original, au crayon, par Bonnefoud, lyonnais, signé. Première esquisse pour le tableau de la chambre à louer du Musée de Lyon (haut. 0.38 × 0.31).
Sous verre, cadre doré.

518. **Les Juifs en captivité.** Dessin à la plume, de Sébastien Cornu, fait à Rome en 1831, signé.
Sous verre, cadre bois.

519. **Gravure anglaise**, du XVIIIe siècle. MMss West and Family, grav. d'après le tableau du peintre B. West, par Facius, in-fol. en largeur (1779), publ. par Boydell.
Sous verre, cadre du temps.

520. **Deux gravures**, du 18e siècle. Combat naval de Lamothe Piquet. Combat naval de La Peyrouse. 2 p., grand in-fol. gravées par Dequevauviller, d'après Rossel, 1790. Bonnes pièces (largeurs 0.90 × 0.70).
Sous verre, cadre doré.

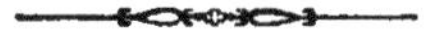

Impr. P. Legendre & Cie, rue Bellecordière, 14, Lyon.

342

339

299

338

341

340

1

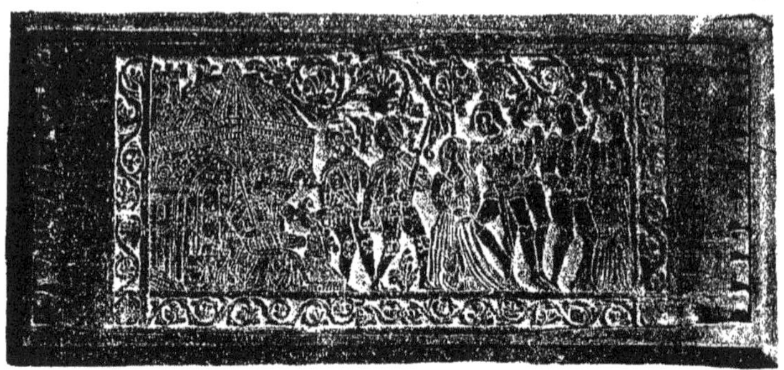

441

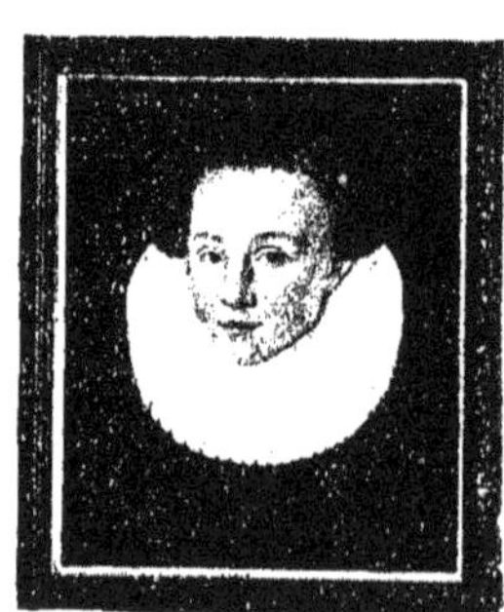

442

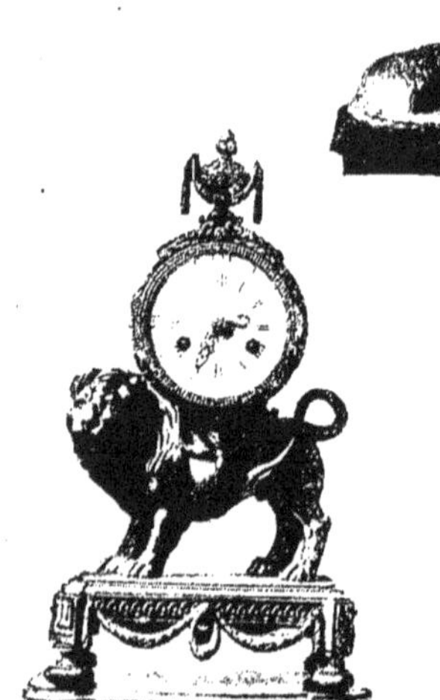

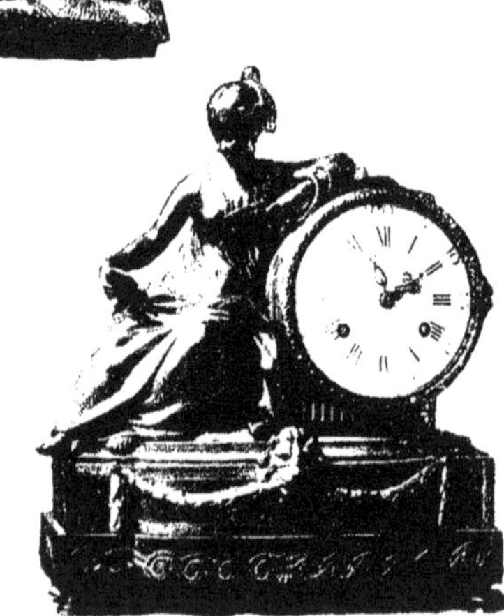

77 167 76

ƒ 3700—

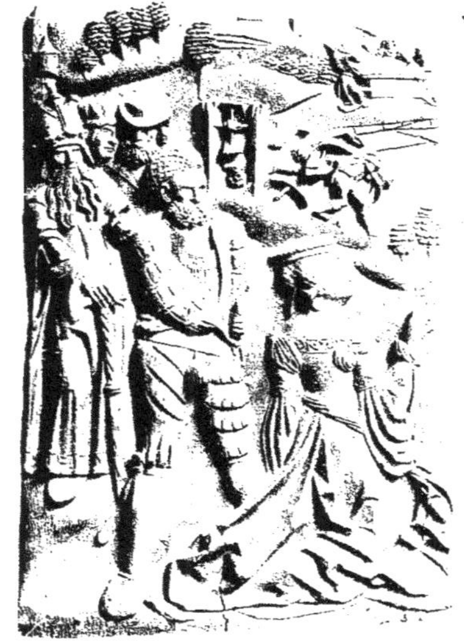

122

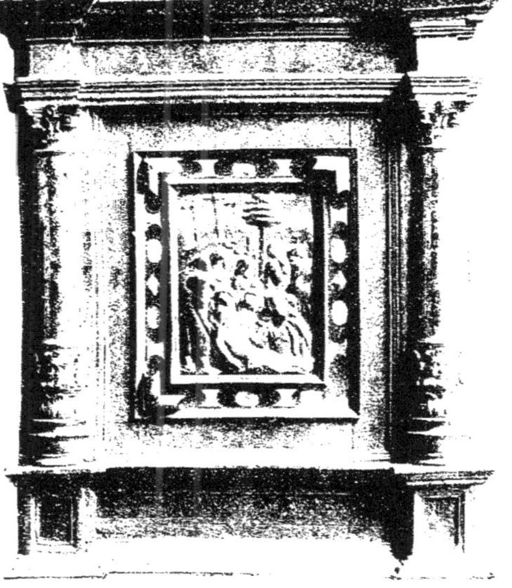

118

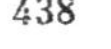

438

334 389 335

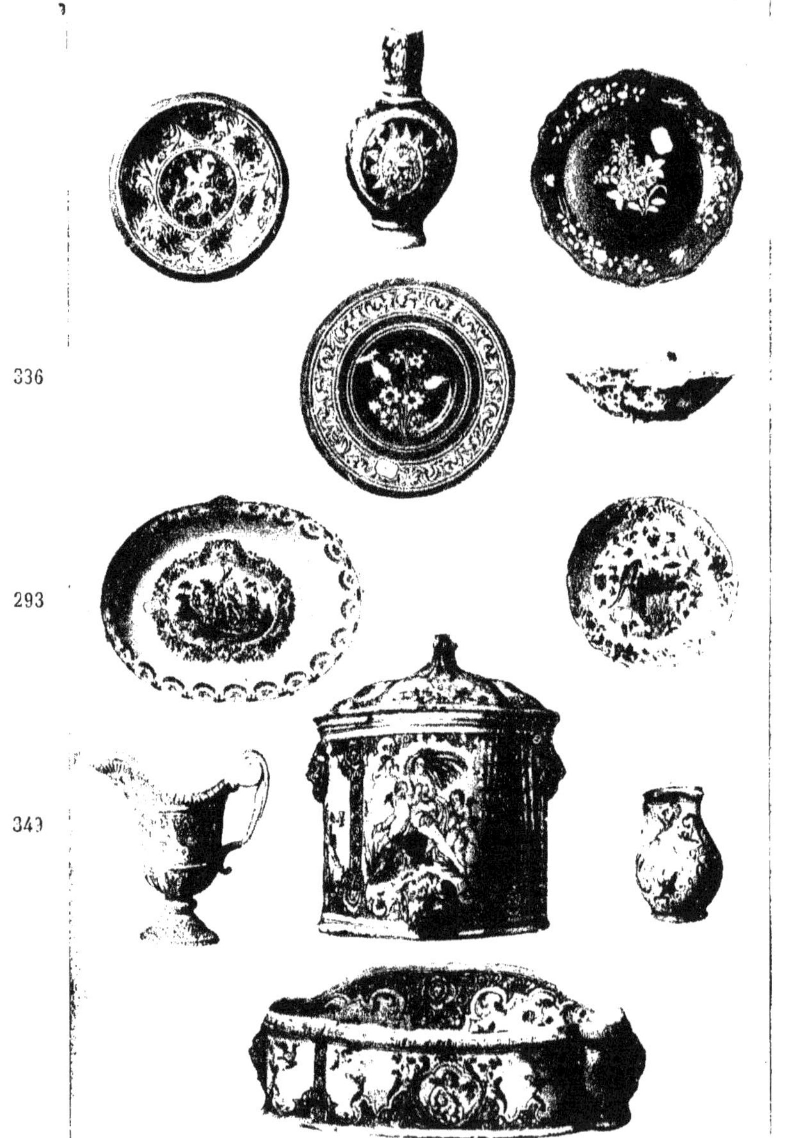

336 305

293 350

349 272

316 316

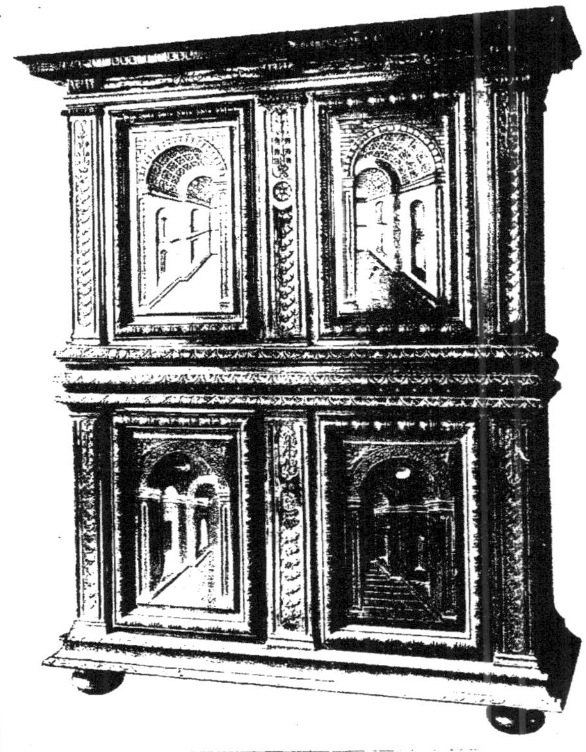

7

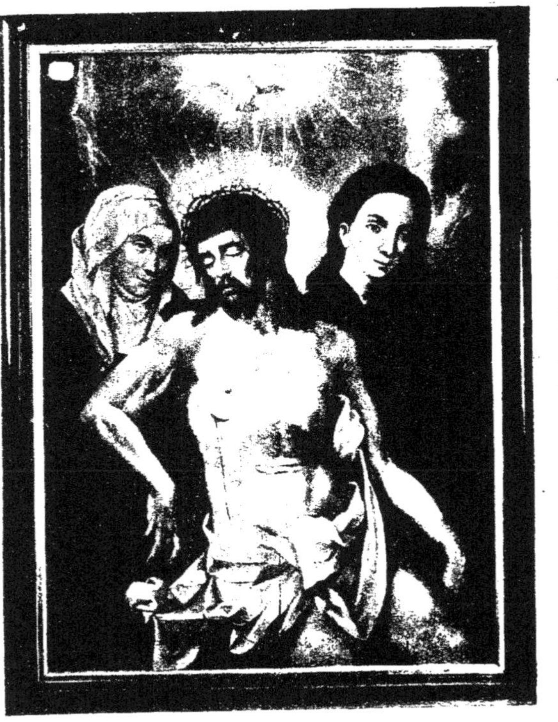

439

297 323

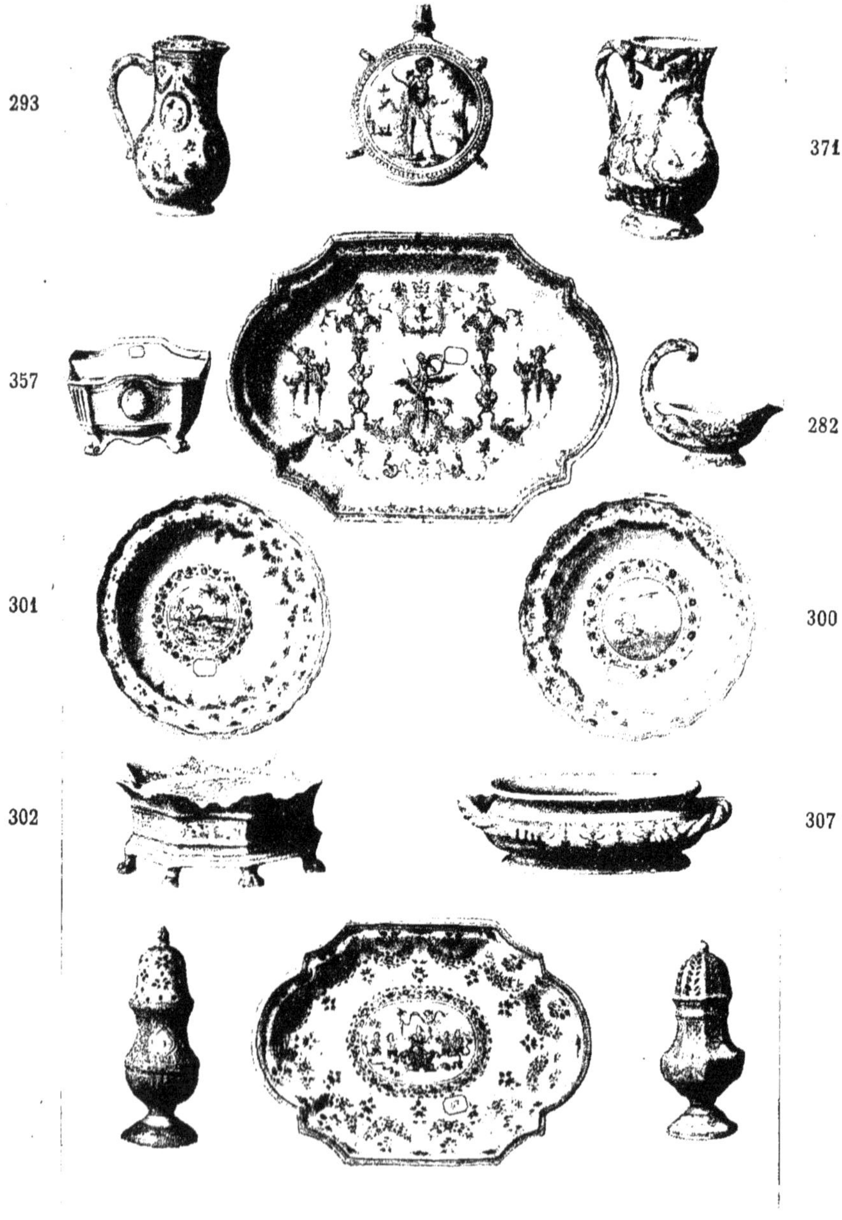

291 294 309

www.ingramcontent.com/pod-product-compliance
Ingram Content Group UK Ltd.
Pitfield, Milton Keynes, MK11 3LW, UK
UKHW020404180726
13839UKWH00003B/1256